JN258279

衣装の語る民族文化

今木加代子

目　次

第４章　衣装・意匠の発生源とその伝播

章扉デザイン＝水橋真奈美（ヒロ工房）

序章

袖は風切羽　プリーツは尾羽であった

衣装は飛翔の願望の発露であった

帽子は最初で最小の屋根であった

エプロンは地母神の証でもあった

リボンは虹の具象形であった

図1　**シャマニズムの背景 森林草原文化**
A 鳥の羽毛で作られた子供のコート（Copenhagen 国立博物館展示、DENMARK）　B 樹氷の森林　C 猛禽類の‘爪’縞梟

衣装の語る呪的性について

われわれ日本人は正装時の前掛けなど考えたことがあるだろうか。しかしハンガリーでは、男性の学位授与式の正装時に、立派な化粧回しのような前掛けをつけている（図2)。今日ごく当然のように身体の最前面につける前掛けに、予想外の発生の意図や動機があるのではないか。

図2

思えば、西洋では何故脱帽が不要なのか、何故帽子に羽をつけるのか、何故男性に華麗な袖がつけられるのか。各種スカートの広がり、袖の形、エプロンなどなど、世界の各地各様に存在する民族衣装や意匠の、発生の動機や意図を考える必要があるのではないか。

15世紀頃から海洋航路に変わり、閉ざされていた陸路シルクロードが開通し、中国の国交が開かれた1980年頃から自由な往来も叶い、従来手にし得なかった実物も手に触れ、実感が可能となった。

以来、衣生活研究会では、90年におよぶ色染学が専門の物理学博士で、晩年は旭川国際染織美術館長をされた故上村六郎先生を団長に、世界の各地を研修した。やがて30年、その間「衣の呪的な問題の究明」を、と貴重なテーマのご指導をいただいた。衣の発生は広大な森林草原文化を背景とした原始宗教の祭司シャマンが纏う“鷲ミミズク”と判明した(1)。

辞書よると、シャームとは誤魔化しとある。一説には鮭を常食とする文化圏をさすともいう。シャマンという言葉は、元来シベリアのツングース族に由来するとあり(2)、古典的な形態で見られるのもシベリアとある(3)。原始宗教シャマニズムはすべての宗教の原点ともいわれ、凍てつく凍土の上で、食糧として射止められた動物の鎮魂の意を込め、とりわけ多くの祭事が行われる。アミニズム、トーテニズムなど土着の風土に応じ、信仰の対象は変化するものの、これら祭事の様式が祭りとして、宗教として、発展し展開していく。またアクセサリーなどは宗教的小道具とも書かれており、極寒の地に生ずるシャマニズム、その思想や様式が、今日の生活の衣・住・アクセサリーズにいかに導入されているか、検証の主題となる。

図3

洋風デザインのヘソ、バイキングについて

古来、地上では頭蓋骨で水を飲んだとか、揺れる船上では取ってつきのコップで飲んだとか、調理道具は鍋も皿も壁面に掛けている。湯のみは手にのせて扱うもの、西洋の取ってつきのコップは、熱いものを片手で扱い易いくらいの感覚しかなかったのではなかろうか……。フランス・オンフルールにあるバイキング博物館のキッチンコーナーには（図3)、フライ

図 4

パンは勿論、皿でさえ壁面に飾られるのに気付いた（図 4）。思えばかつて次男坊の口減らしに新天地を求め、オスロの港を船出したバイキングは、アイスランドのレイキャビックに辿りつき、当島を安住の地とし、水路さえあれば船を操り、交易に、自由で合理的、かつ快適な生活を求め、西洋各地にも定住し、やがて大きくルーシー国家（ロシア）を築いている[4]。

イギリスのヨークに次いで、アメリカのニューヨークを築き、近代デザイン展開の筆頭に「女性の開放は台所から」とのスローガンを掲げ、機能的キッチンへの関心は生活の最重点項目であり、これらは女性の社会への進出を促し、人みな自由・平等、ひいてはアメリカ民主国家の実現でもあった。

かつて大海原を背に揺れる木造船の限られた空間で、美的に機能的、かつ快適な生活を求めたデザインが、取ってつきの掛けられるコップ、フライパン、皿飾り棚であり、定住後は樽詰めのビール、また泡をイメージしてレースを生み出している。木工芸に長けたバイキングの、揺れ防止が最優先のデザイン（図 5）、船上で培われた生活と英智で、永々と築かれたであろうマリン文化こそが、西洋文化の基層にあろうことは充分伺え、また騎馬遊牧文化の象徴のごとき金モール、そのアクセサリーズで輝く軍服にも、シャマニズムの思想を読めそうである。

図 5

衣装の発生と伝播について

第 2 章にも記すように、風土は人を創り、思想を生み、生活様式を築き、最も外表に衣を創っている。逆に、衣は人と共に移動し、生活、思想、風土を語る。

その衣の概要は、地球の最北端極北、永久凍土の地では、海の幸を糧とし、海獣と魚皮、骨、陸のトナカイ遊牧で得る動物の毛皮も衣の材になるが、僅かな水滴も生死にかかわり寒気の防御、一枚の皮を接ぎ合わせる技法がデザインの最大の関心事となる。

ユーラシア大陸の、中央ステップ遊牧の乾燥した草原では、羊の飼育に始まる遊牧文化が軽く温かい羊毛の整経で得る毛糸を編み、刺しの材を得、短い毛糸結びの連続で、芝生のような絨毯を織る。また毛くずを固めて伸ばしたフエルト、動物から得る軟らかいなめし皮も衣の材になる。

図 6

やがて錬金術が加わり（図 6）、刺繍と共に過剰な迄のアクセサリーズに包まれていく。激しい寒暖差は、綿の栽培に適し、綿布を育む。ヒマラヤ以南の陸地インド大陸では、繁茂する植物が細く長い繊維と、多様な色を醸し出す染料がデザインの基盤にある。大きな布も織り上がり、多様な染めと模様が描かれ、刺し織り込まれていく。さらに注目に値するのは照葉樹林帯、広葉の桑の葉で育つ蚕、その繭からの細く長い糸で艶やかな絹布が織られ、先染めの生糸は巧みな紋織りをも生み出す。

これら異質の風土に生ずる多様な材が民族移動、商人による交易で交差・交流し合い、何時しか広く伝播する（図7)。本書は大きくシャマニズム的思想の基、ユーラシア草原の遊牧生活に展開したであろう文化を陸産に、次男坊バイキングの自由闊達、冒険的、実践的、大海原を背景に展開したであろう文化を海産と自称し、民族衣装の発生・オリジンとその伝播をも探ろうとするものである。

21世紀の今日、地球規模で画一化する文化の中、耐久性に乏しい古布、衣の発生とオリジンの究明は容易ではない。一組のカップルの移住であっても、衣の裁断、縫製の技、即ちデザインからは、先住の地の技の継承、伝播がひしひしと読み取れる。

しかし湿度50%、常緑が当然の西日本に住む者にとって、海外の調査に赴き初めて機上から見た茶褐色の大地に、光輝く一本の銀糸のような川（金銀線は川の水を象徴する)、やがて鼻の渇きと共に湿度15%のペルシャの地を踏んだ時、余りに未体験な環境の相違への驚きと共に、実に洋服とは、一日に四季を見る乾燥した風土、遊牧生活を背景にこそ成り立つものと気づいた。

以来、現地の大気に触れながらの研修は、意外な衣装発生の動機を次々と発見する歓喜に満ち満ちた旅でもあった。

30年越しとは思えぬ僅かな資料ながら、その実物からは貴重な縫製法が伺え、現地で得た文献資料を拝借しつつ、何よりも理解しやすい描画と図像を列挙し、衣装の発生と伝播を比較解明しようとしている。

本書が一家に一冊、衣を着るすべての人の座右に置かれ、今日、日常茶飯事として当然のように装われる衣装の意匠に、意外な着装の目的、発生の動機が潜むことを汲み取っていただけることを願って止まない。

注

（1）今木加代子「コーリャンの衣装にシャマニズムを探る」日本服飾学会誌 第３号
（2）（3）佐々木宏幹『シャーマニズム』中央公論社
（4）ヒースマン姿子『ヴァイキングの考古学』（世界の考古学⑪）同成社

第1章 デザインのヘソ、シャマニズム

図７　**カリブ海海岸**　北極野生のトナカイ＝カリブーの骨，コロンブス新大陸初の漂着地，また古今陸海文明の接点ともなるカリブ海の名。
図８　**シャマニズムの背景樹氷の森**　かさこそと触れ合う梢の音も鈴の音と聞き，雪解け水は緑豊かな森と湖，すべての動植物の糧を育む宝庫楽園でもある。
図９　**韓国王の金冠五幹の立華**　鹿戯れ緑豊かな常緑の森を不朽の金で，勾玉の葉の触れ合う音も幸の象徴シャマンの韓国王の金冠。

図 10

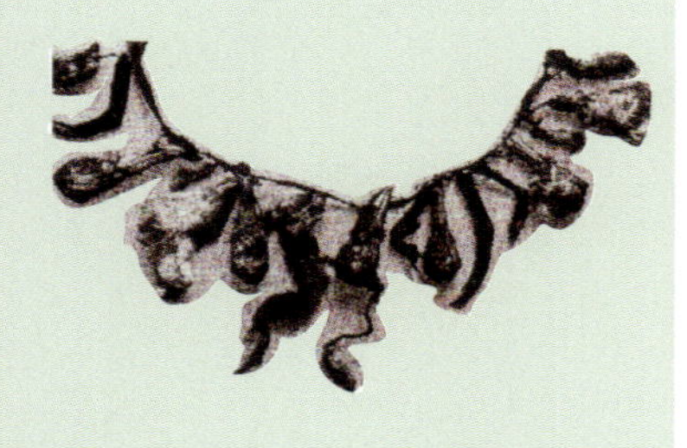

図 11

1　シャマニズムの背景、森林草原文化

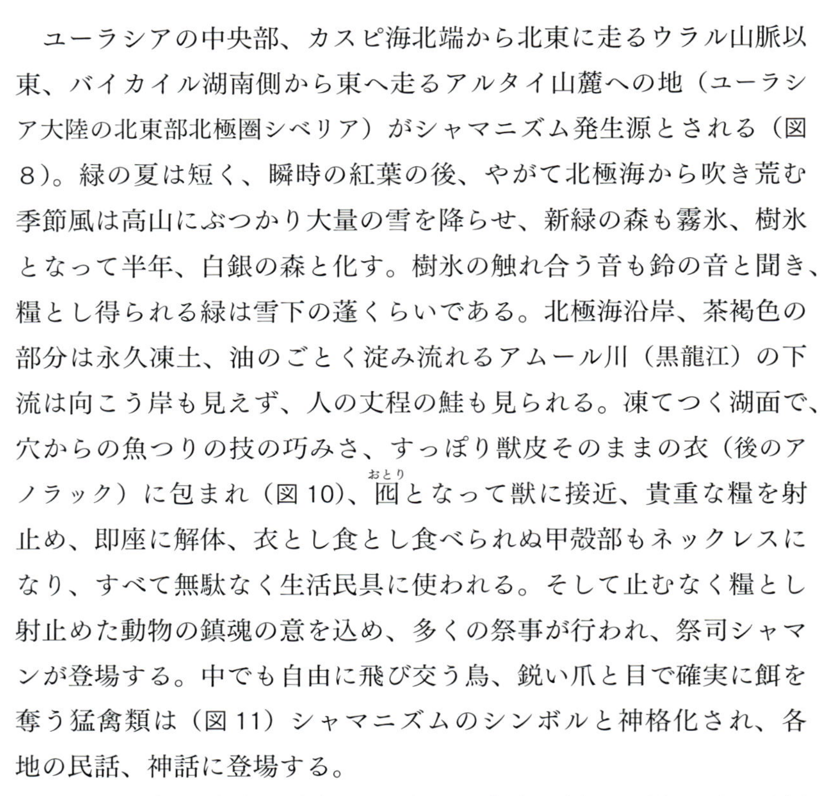

ユーラシアの中央部、カスピ海北端から北東に走るウラル山脈以東、バイカイル湖南側から東へ走るアルタイ山麓への地（ユーラシア大陸の北東部北極圏シベリア）がシャマニズム発生源とされる（図8）。緑の夏は短く、瞬時の紅葉の後、やがて北極海から吹き荒む季節風は高山にぶつかり大量の雪を降らせ、新緑の森も霧氷、樹氷となって半年、白銀の森と化す。樹氷の触れ合う音も鈴の音と聞き、糧とし得られる緑は雪下の蓬くらいである。北極海沿岸、茶褐色の部分は永久凍土、油のごとく淀み流れるアムール川（黒龍江）の下流は向こう岸も見えず、人の丈程の鮭も見られる。凍てつく湖面で、穴からの魚つりの技の巧みさ、すっぽり獣皮そのままの衣（後のアノラック）に包まれ（図 10）、囮（おとり）となって獣に接近、貴重な糧を射止め、即座に解体、衣とし食とし食べられぬ甲殻部もネックレスになり、すべて無駄なく生活民具に使われる。そして止むなく糧とし射止めた動物の鎮魂の意を込め、多くの祭事が行われ、祭司シャマンが登場する。中でも自由に飛び交う鳥、鋭い爪と目で確実に餌を奪う猛禽類は（図 11）シャマニズムのシンボルと神格化され、各地の民話、神話に登場する。

しかし一年の大半が白銀の大地も、草木も緩む６月の頃、雪解け水はどうどうと流れる水となって緑豊かな森と湖を育む。物皆すべて芽吹き息吹き、バレエに演じられる“白鳥の湖”の舞台も、ジューンブライドも、過酷な冬を耐え過ごした後にこそ自ずと涌き出ずる歓喜の姿であろう。樹氷の森、雪、湖こそが生命維持を約束する源泉・生命の宝庫・楽園であり、森林草原がシャマニズムの背景である。極寒の地で衣なくしては生死にもかかわる一大事。獣皮、魚皮、羊毛など暖を取れる材こそは、この地に生ずる天の恵み衣のオリジンともいえよう。

2　シャマンの呪衣の語るもの

図 12

シャマンと鳥のかかわり

心理学者エリアーデは次のように述べている。シャマンは種々の鳴き声と行動、特に鳥の鳴き声を真似ることに注意を払う。動物と交流し、その言葉を語り彼らの友となることは、大多数の人間が送る単に人間的な生活よりも、遥かに豊かな精神生活を自己のものとすることが出来る。自己の生命を永遠に引き伸ばし、道を体得するためには動物のように踊り、じゃれ、跳ね回ることが必要、と[5]。

前項のごとくシャマニズム発生の背景は、凍てつく極寒の地、重く圧しかかる薄墨の空、果てしなく続く白銀の大地と、終日見渡す限り無彩色の中での明け暮れである。しかし自在に群れ飛ぶ鳥は餌とした草木の種子を糞とし地の果て迄も運び、大地に植物の繁茂をもたらし、森の中で鳥のさえずりは正しく楽の音である（図 12）。実に人よりも幸多い生き物、鳥こそ至福の自在のシンボルとし、祭司シャマンは鳥の姿〝鷲ミミズク〟と化し（図 13）、現世と来世の橋渡しのような役をなす。日本でも恐山の「巫女の呼び寄せ」など、これに準ずる具象の例も見られる。

シャマンの装束

ウノ・ハルヴァは、その著『シャマニズム ―アルタイ系諸民族の世界像―』で、呪衣について（図 13 ～ 15）詳しく述べている。ノロ鹿、マラル鹿、あるいは羊の毛皮で作ってあって、明らかに大きな鳥の特徴を表している。袖下の縫い合わせに沿って垂れているのは、鳥の風切羽を表していると民間では説明している。肩から垂れている皮や布の房もまたつばさと呼ばれていて、そこにフクロウの羽がつけてあることが多い。それらは死者の国の神秘的な動物と思われる蛇と同様であり、一種の赤い帯が縫いつけてある。頭は鳥の頭巾といって、鷲ミミズクの剥ぎ皮をそのまま被る事もある。したがってアルタイのシャマンはこの装束を着けた時直ちに鳥の姿、一羽の鷲ミミズクになったことは明らかであると述べており[5]、図 16 はその条件を備えている。また、ある民話の中に「…それからお前は山へ行って、クマ、オオカミ、ヤマネコを剥ぎ取り、帽子と服を作り、帽子には大樹からの角、服の胸と背中には鏡、帯には鈴

図 13

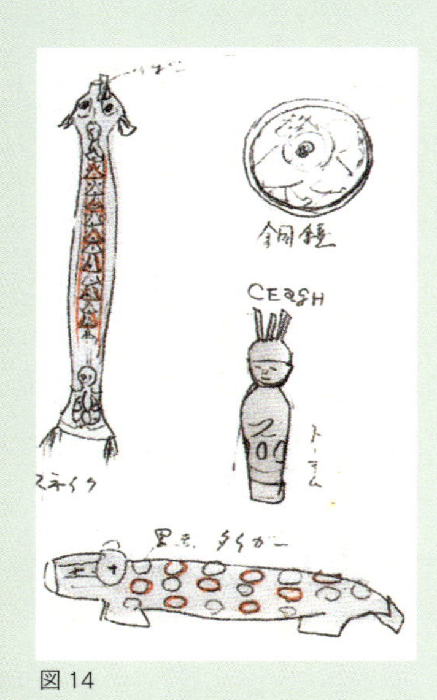

図 14

を取り付けよ、それから手太鼓を作れ、それらはお前を護るであろう。有力な聖霊プルハンと鳥の精霊カオリがお前の守護者となるであろう」ともある[6]。また国立民族学博物館総合案内の解説に、太鼓は強力な馬の役目を、バチは鞭の役割を果たし、象徴化された鳥は神意をシャマンに伝える役割を持つ。また霊冠を被り鈴や金具を縫いつけた重たい特別な衣装を纏う。そして太鼓を打ち鳴らし、身を打ち振るわせ神がかりの状態になり、そこで神意を告げたり、病気の治療祈祷を行ったとある[7]。なおまた民博展示の解説に、主な材料はトナカイの毛皮、金属部分は貴重でシャマンが死んでも遺族が保存するとある [7]。

図 13、14 はアムール川流域の最も古典的条件を備えたシャマンの衣装と補助霊の実物スケッチである。太陽、月、大地を表わす３枚の円盤と、シャマンを保護する鳥を必ずつける。胸の円盤の１枚は太陽、１枚は月で宇宙を意味し、残る１枚と補助霊のスネーク、タイガーは大地を意味するようであり、また腰の紐状の集合が鳥の尾を表し、鳥を仮装した事になっている[8]。そして鏡を太陽の方に向け交信するように、打つ太鼓の音と共に、あたかも大地と宇宙との間を遊泳するがごとき演出、すなわちアクセサリーズでシャーム・誤魔化し、あるいはアレンジがシャマンの姿となっている。しかし実際にシャマンとなる資格は先祖からの家系、重病の克服者など、容易ではないようである。それらはその道の専門家に依存しなければならないが、本書ではシャマンの装束を参考に、生命の綾なす大地で鳥の勇者“鷲ミミズク”に仮装し、生き物の魂を天へ運ぼうとする演出、そのアクセサリーズ・宗教的小道具が、いかに今日の生活デザインにも影響しているかについて、特に衣装の中で究明を深めようとする。

呪衣のアクセサリーズの語るもの

図 15 アルタイ系呪衣の装束を中心に

①１羽の鷲ミミズクの姿を表している。

②頭は鳥の頭巾と呼ばれ、鷲ミミズクの剥ぎ皮をそのまま被ることもある。その他の霊鳥、霊獣の頭がデザイン化される霊冠もある（図 15、20、21）。

③上着は裾広がりのトラペーズライン、裾までのワンピースもある。（図 15、20、21）

④皮や布や金属の房は“つばさ”で蛇と同様、1枚の羽毛もあり“鳥の精霊”とも呼ぶ。また、ボー自身悪霊から身を護る役がある。(図15、17、18、21)

⑤袖は風切羽を意味し、筒袖の脇下はスリットで多くの房がつくのも、風切羽の新生は脇下から始まる意[9]のアレンジで、どの呪衣の脇下にも必需。(全図)

⑥襟明きは垂領状で、下着の感じに裏毛が覗く。深い打ち合わせも、図19の盤領もある。(図15、17、20、21)

⑦脚部の暖簾状の房、つばさは、鳥のアレンジ[10]　⑤の風切羽と共に必需で、ワンピース状は裾に細いフリンジとなっている。(図15、19、20、21)

⑧赤いベルトがつく。(図15)

図15

図14アムール川流域の装束を中心に

A)　帽子に大樹からの角(図13、19)

B)　胸と背中に鏡(図13、20、21)

C)　帯に鈴がつく(図13、19)

D)　手太鼓は強力な馬の役(次頁全図)

E)　バチは鞭の役(図13、20、21)

F)　胸に太陽、月、大地を表す3枚の円板(図13)

G)　蛇、鏡、トーテム、虎の補助霊を持つ(図13)

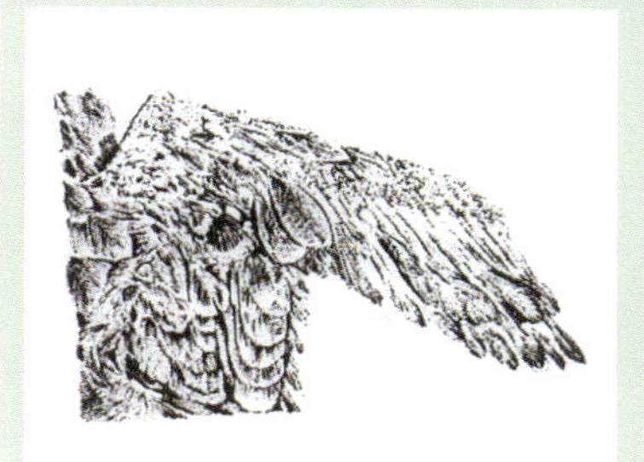

図16A　カルガモの風切羽の図

図16B　シギ鳥尾羽の図

各地呪衣のデザイン

図 17：レニングラード民族学博物館収蔵の呪衣。（上下）皮の房の肩章、房状のつばさの霊冠が金属に変わる。

図 18：ヤクートの呪衣　（上前）盤領（あげくび）、肋骨保護の金属板、皮の房の肩章、（下後）金属のつばさ、大小の円盤が加わる。

図 19：コーリャンの呪衣　（上前）梟の羽毛の霊冠、深い打ち合わせ、珍布のつばさがつく。（下後）リボン、大樹からの角がつく。

図 17

図 18

図 19

図20 モンゴルの呪衣 （上前）梟の羽毛の林立する霊冠、胸に鏡、（下後）房のつばさは霊冠から下がる。

図21 モンゴルの呪衣 （上前）鹿の角一対が並立する霊冠、環に3本の金属の下がる精霊、（下後）霊冠から房、つばさが下がる。

図22 ハンガリーの呪衣 （上前）霊冠は帽子になる。（下後）帽子や衣装から多くの布切れの房、つばさが下がる。

図20

図21

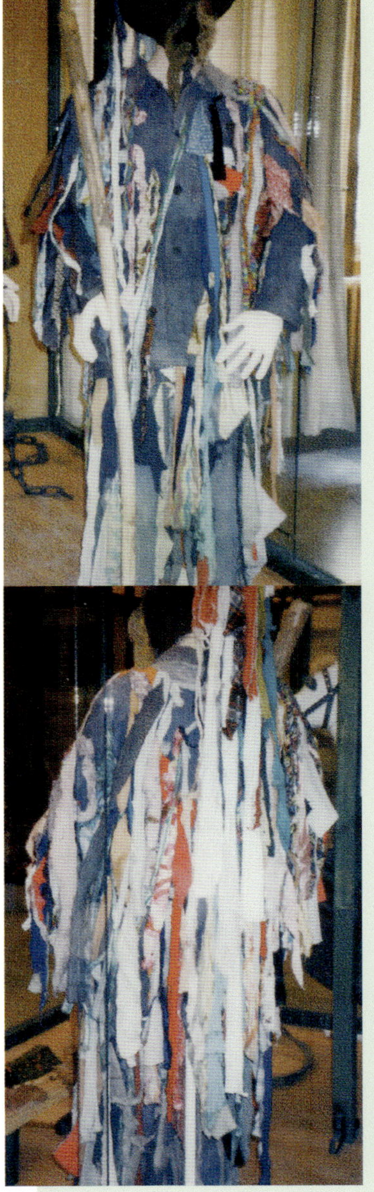

図22

図 23

24A　24B

図 25A

図 25B

3　天空の神々・大地の神々

猛禽類の爪、目、羽毛

猛禽類は広辞苑によると、タカ目とフクロウ目の鳥の総称とあり（図 23）、他の鳥類や小動物を捕食し上嘴は湾曲して鋭く、翼は強大で飛行は迅速、脚に鋭い鉤爪がある鷲、鷹、トビ、コンドルなど、とある。特にアイヌ民族では、あらゆる動物の糧でもある鮭を、360°視界の効くフクロウが、人のため、夜も目を輝かせ見守ってくれたとの解釈から神格化され、多くの祭の最高神ともされている。また獲物を素早く確実に掴み取る鋭い爪の鷹、鷲なども鳥の中で最も勇者で、図 15 のシャマンの呪衣も“鷲ミミズク”のアレンジである。

モンゴルの呪衣の前面（図 21）には、金属の環に 3 本の棒が下がるが（図 24B）、図 18 のような鳥の羽毛 1 本 1 本のアレンジと（図 24A）見える[10]。

僧侶が護身用に持つ必需の金剛杵は（図 25A）、猛禽類の鋭い爪のアレンジであり、杵は刃物にも匹敵する筆頭の宗教的小道具、すなわちアクセサリーである。

中国、満州族の慈嬉皇太后には鋭い爪があり、常備の護身用武器…とも伺える（図 25B）。本例に見るごとく、猛禽類の羽、爪こそが後世の護身用兵器、神器のオリジンとも、また天空の神ともいえるようである[11]。これらは今日の生活デザインへの引用は限りないようであるが、第 2 章「衣装の語る呪的性及び伝播」では衣装に焦点を絞り、特色ある呪的アイデア源として検証を深めていく。

爬虫類の蛇、鱗、亀

爬虫類の特徴を動物観察事典で見ると、雌雄異体、体は角質の鱗か甲で覆われており、皮膚は乾いて乾燥に耐える。体表の毛細繊維でも呼吸でき、長時間水中にいられる。一般に四肢は短く腹面を地に付けてはい歩くが、肢が退化したのもある。冬眠し、カメ類以外は脱皮する。ワニ、トカゲ、ヘビ、カイトウ、キョウリュウ類の 6 目に分類される、とある[12]。海陸両棲の湿地帯の生物で、不吉で執念深い反面、神またその使いとしても多く登場する。

図 26 のモンゴルのシャマンの祈祷は、叩く太鼓で背の鳥の羽

あるいは蛇の躍動が同時に起こり、太鼓は馬、バチは鞭で、天馬でもあり、空の鳥と地の蛇がともに躍動するシャームといえる。

図 27 はエジプトの第 18 王朝期（BC1300 年頃）の信仰復興者ツタンカーメン王でオペトの祝祭の、アメン聖船の出発に先立ち、浄めの儀式中の姿で、聖蛇のつく鉢巻に青冠（かぶとに由来）を被っている。このような蛇の神格化は、エジプト王朝まで遡る事にもなろうか…。

広辞苑によると「龍」の特徴は、想像上の動物（図 28A）。インド神話で人面蛇身の半神、大海や地底に住み、雲を起こし、雨を呼ぶ力を持つ。中国で神霊視される鱗虫の長、鳳、麟、亀と共に四瑞の一つ、またドラゴン・恐竜のことで、優れた人物をも意味するとある。

亀の胴に龍の首がつく中国のお守りは（図 28B）、共に鱗を持つ大地の亀、天空の龍の合体である。これらは中国では瑞兆の象徴でもあり、図 26 のようにシャマンの叩く太鼓で、背の房、蛇・羽の躍動も、同種のシャマニズム的表現といえよう。

図 26

図 27

図 28A

図 28B

図 29

図 30A

蛇・ワーム・ドラゴン

古英語で蛇 Snake は、ワーム Worm であり、ノルウエー語でドラゴン、また蛇の意を求める説もある。英語語源辞典のドラゴンは、龍、大蛇、ギリシャ原義に目が見える「晴眼」の意もある。ヘブライ訳語には、一般に神に倒される（海の）神話的怪物を表すとある。

図 29　ストックホルム、カテドラルの Saint George Dragon の像は、神話に登場する「翼と爪を持ち、口から火を吐く想像上の動物、爬虫類」の形で表され、暴力、悪の象徴として描かれるが、その反面、泉、宝物、女性を守護する、との伝説もある

馬上のゲオルギウス Georgius とは、カッパドキア出身の軍人で、マクシミアヌス帝の治世下に裁判官ダキアヌスによって斬首の刑を受けたが、後に聖人にもなり、「悪を打ち倒す善＝神の使い」とヨーロッパの守護聖人ともいわれ、またバルカン半島やロシア農民の間でも広く信仰されていたという(13)。バイキング活動後の西洋では、東洋の龍のごとく湿地に棲むワーム、騎乗の兵士による悪の退治、天馬の聖人などを善の象徴とし、治世の象徴として神格化している。

図 30A 乾燥した遊牧地モンゴルのドラゴンは、片手に刃を持ち、頭上に髑髏を乗せて舞う姿で、悪、獣退治を表している。

図 30B は A に比べ、東京芸大生のドラゴンは、逆立つ髪で風を、足元の雲で農耕地に必需の雨の前兆・雷神に創られている。すなわち、西洋では蛇、遊牧地では獣、農耕地では雷と、開拓時に恐怖の事象を、西洋では騎兵の勇気が、遊牧地では獣退治、農耕地では恵みの雨と、それぞれ誠に大地の安泰を司る勇者として神格化していたといえよう。

図 30B

天蓋と天の柱

ウノ・ハルヴァは著書『シャマニズム』で「大地の支え手」と題し、以下のように述べている。図 31〈亀の背に乗って世界を支える象〉について東洋の世界像に従えば、大地は大きな宇宙海の真直中に浮かび、大地が底に沈没しないように…「この世の初めにあったのは水と、その中にうずくまる一匹の大亀だけで、神はこの動物

のところへ出かけ…その腹の上に世界を立てた」との観念がある。またチュルク系諸民族にも、ある動物が大地の支えに関与しているとの共通する観念が見られる、とある。…その一つ「天地は一つの皿のような形で、その上に膨れた天蓋がかぶさる。地平線は大地の縁で、四頭の青い牝牛に支えられている。牝牛の足が動けば地震が起こる」ともあり、おそらく角に一つずつ、合計四つの支え手がいる考え方は、インドに発しチベットに入る。世界は四頭の象が支えるという観念を思い起こさせる(14)、とある。

図 32 川口慧海が、チベットから持ち帰る摩尼の台座は、図 31 亀の足のアレンジで、また後世、上記観念の具象の形とも見られる。

図 33A〈天とその柱〉と題し、次の文がある。幾つかのアルタイ系民族は、「天は天の屋根に似ている」人の住む大地を覆い保護すると想像する、とあり、天もまた大地の蓋で、丈夫な柱を立て、天蓋を支える必要があるとの解釈から民族各様に〈天の柱〉〈金の柱〉〈町の柱〉…を立てている。A はドルガンの世界樹で、4 本の横木とその先端に木の鳥がついている。

図 33B 後世の仏塔先端の相輪で、A にある鳥は宝珠、横木は九輪へのアレンジと見、またイスラムのモスクには必ず天の柱が付随する。このような鳥が蓋の取って、帽子の先端などに多々伺え、次章では筆頭の呪的テーマとして検討を深める。

図 31

図 32

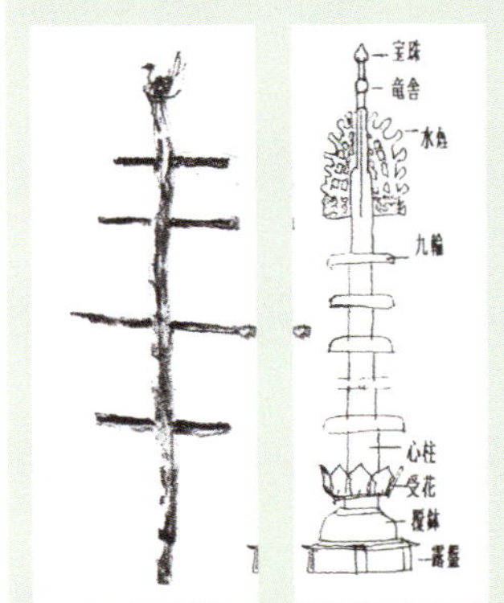

図 33A　図 33B

アジア的聖殿・聖所の発端

アルタイ諸民族は、ほとんど神とみなした 1 本の棒「天の柱」を立て、過酷な風土の安穏を祈願する。

図 34 ソヨートの草原の聖所もその類で、中心の空中に聳えるような棒には、さまざまな大きさの刻み目があり、方角を表す 3 ～ 20cm 幅の大抵、青白黄の紐や布切れが飾られる。シャマンがこれを伝って天に昇るという棒で、廻りに石を積み、粗末な祭壇に、熊、ビーバー、カワウソ、山羊、白鳥のごとき野生動物、家畜の木像、粘土製の仏像などが置かれる。また聖殿の屋根の旗竿は、神の子らの住みかでシャマンは人間たちの魂を運ぶ。また竿先の鳥の魂は、前頁の「天の柱」とも同じである。アジアではこのような社を立て、天神に近づくための行事を行い、聖殿の目印だけにも見える、ともある。

図 34

図 35 ラマ教と共に中央アジアに入るカルムク人［源郷？は中国

図 35

北東の遊牧民で、好戦的モンゴル人から分かれ、ウラル山脈を越え、一部ボルガ川周辺、一部中国に戻る] [15]が教義用に元インドの世界の創造図を描いたもので、それは背後にチベットの連山、南に象、犬、船、魚、蓮の花等々、恐らく遊牧民初体験の平野の動植物を小さく描き、十二支の獣帯が神の昇天を司る、東洋の宗教的観点から描かれている。すなわち図 34 は、大陸の空飛ぶ鳥の神聖視に比べ、図 35 は、南海に面した平野の生物の神聖視、聖所である。

図 36 は、韓民族の始祖・檀君が天下った歴史の島［江華島水源］で、図 35 に通じる水源神聖視の、南アジア的聖所様式の伝播と伺える。このような発端を見る海陸聖所の様式化が、広く諸生活文化の基層にあろう事を重視したい。

図 36

風切羽・千手・アート

原始宗教シャマニズムでは、鷲ミミズクに仮装したシャマンが太鼓の音と共に、鳥のごとく飛翔が叶う演出。騎馬遊牧文化では太鼓は馬の足音、バチは鞭で、天馬のごとく疾走、特に白馬あるいは白い鼻筋の通った馬は多くの飾りに覆われ、神格化される。

図 37

図 37 は、羽を広げ、天高く飛翔するタカの腹面で、尾羽・風切羽にくっきりと表れる縞模様、羽毛と羽毛の重なりが、翼角から放射状の縦線を描き、ちょうど千手のよう…、この風切羽こそが仏の千手としてアレンジされるのではなかろうか。

図 38 は、その千手の見えるテラコッタ製モンゴルのお守りである。黒い斑点のある外輪は雲・宇宙のような意を持ち、Demon（鬼神）面の左右に放射状に広がる 10 本の手、羽毛は、図 37 に見る風切羽のアレンジと伺える。

図 38

最澄は中国伝来の仏教を「日本仏教の母山」比叡山に開き天台宗として開宗した。その千手観音菩薩立像は最古の仏像で、最澄創案とされている。大きく見開く切れ長の目、異国的な顔立ちは唐風が顕著であり、最澄の目にした大乗仏教（チベットなど北伝の仏教）の仏の印象を模すものと伺え、その観音の胸元には印を結ぶ手がありながら、両肩から放射状に千手－多くの手が出ている。昇天役を司る神仏は、図37・38あるいはシャマンの呪衣・鷲ミミズクの、風切羽と同意の羽毛が付くと解釈出来ようか。またタカ目、猛禽類は太陽に向かっても飛翔し、その爪で確実に糧を掴み取る、空の最も勇者と神格化される。観音の千手にも同意の、独鈷・稲穂・蓮の花等々、大地の富、宗教的小道具が握られ、このような呪的観念を持つ風切羽こそが、晴れ着の袖の原点と伺え、一層検証を深める必要がある。

ヴェーダ・アーリア人・騎馬遊牧文化

ヴェーダはバラモン教根本聖典の総称で、古代インド最古の宗教文献として大切な文化遺産である。ヴェーダの宗教思想や祭儀式は、様々な変遷を経、大多数のインド人が信仰するヒンドゥー教に変化して、更に仏教にも影響している。ヴェーダには芸術の始祖アットマンの、物事に集中することで精神統一、精神的安穏が図れる…、との教説があり、古来遊牧社会では記述のない歌舞音曲、吟遊詩人等々による口承伝達の世界、驚くほど主観的、感覚的、芸術的、アートの世界観を有する。ヴェーダは永い年月をかけ、インドの北西部のパンジャーブ地方にBC1500年頃侵入して先住民を制圧したアーリア人の伝承する宗教神話、生活を伝える根本資料である。彼らはBC3000年以前から約千年間にわたり栄えたインダス文明に関わり、金銀、銅、青銅、宝石、テラコッタなどの材をこなした武器、日用品、工芸品、装身具など高度な技術の文明、錬金術を持つ事で知られる(16)。またアーリア人は、現在のイラン人及びコーカソイド系インド人の祖先となった遊牧民、BC2000年頃中央アジアの草原から移動開始したもよう(17)、とある。

図39は、コーカソイド系騎馬民族の図で、胡服で馬上から野獣の首を刀で切っている。図41では、刀がT字形のスティックに、野獣の首がボールになり、ポロの競技への発展が解る。辞書によると、poll、poul（同音pole）原義の「頭」より「頭の数を数える」の意が生まれた。転じて①票を投じる。②人々の世論調査をする。③シカなどの角を切る。《古》〈頭髪〉を切り込むなどの意があり、まさしくポロとは図40に見る首の整理が発端で、ボールの原点は動物の「首」、世論調査も頭数を数えるの意で納得出来るようである。

図41は、筆者がアーリア人移動の道、インダス川流域のフンザ

図 39

図 40

図 41

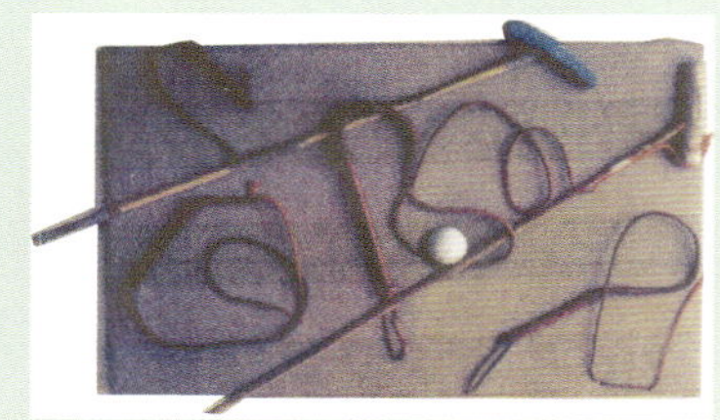
図 42

図 43

王国で買い求めた（1978年8月）毛パイル織の裏付き、やや高価な壁飾りで、前記「頭の数を数える」のpoleに通じる図である。

図42はそのホテル・ロビー正面に掛かるポロ競技用具がレイアウトされた壁飾りで、細い棒の先にT字形に横木がつく素朴なスティックであり、野外では男の子が数人、木の枝のスティックで石を打ち戯れる姿があった。古くこの辺りの生活は、必要に応じて首整理に出るとのこと。即ちインダス川流域に馬技、ポロ発祥の原点が伺えるようで、後世馬が疲れると即座に変え馬が要るイギリス貴族のポロ、また競馬・ダービーなどに、騎馬遊牧文化を凌ぐ、誇りと権威の象徴の姿が伺えよう。図43はモロッコのPatrick Guerrand-Hermes、直訳は貴族の遊撃兵、商業の神ヘルメスである。元馬具商、今日高級衣装店ヘルメスの名が著名である[18]。房で飾られた白馬、白い鼻筋の名馬、また装束に往年の馬が最も貴重な騎馬遊牧文化、天馬のごときシャマニズム思想が西洋の基層にあろうと察せられるが、これについては第3章でさらに追究を深めていく。しかしこの本章に述べたごとくユーラシア大陸北東部に生じたシャマニズムは、アーリア人のヴェーダの経典からインドのヒンドゥー教、西へのユダヤ教もイスラム教、キリスト教に分派、東へ仏教と、今日の三大宗教の根底にも潜むようで、これら呪的思想を含み伝播しているであろう衣装に、なおまた具象例に乏しいとされる民族移動の痕跡までも探ろうとしている。

注

（5）エリアーデ著作集 第13巻「宗教学と芸術」せりか書房
（6）加藤九祚「いちばん最初のシャマン」『月刊みんぱく』1980年3月号、国立民族学博物館
（7）大塚和義「シャマニズムの世界」国立民族学博物館総合案内の解説
（8）内田清之助『最新日本鳥類図説』講談社
（9）（10）日本野鳥の会編
（11）（12）岡村はた、富川哲夫、室井綽『新訂・図解　動物観察事典』地人書館
（13）STORKYRKAN　The Stochholm Cathedra　図録
（14）（15）ウノ・ハルヴァ著、田中克彦訳『シャマニズム　アルタイ系諸民族の世界像』三省堂
（16）（17）前田専学『「インド哲学へのいざない」ヴェーダとウパニシャッド』NHK出版
（18）VOGUE所載　PARIS　Aroc

第2章
衣装の語る
呪的性及び伝播

衣装は飛翔の願望の発露であった

袖は風切羽　プリーツは尾羽であった

図44　シベリア大地へ戻る渡り鳥
図45　京都三十三間堂の雷神・風神の背後に並ぶ金鳥羽の千手観音群　あたかも大地を群れ飛ぶ渡り鳥の神格化のごとき仏像群
図46　東チベットの十一面千手観音像

頭装

帽子は最初で最小の屋根であった

図 47　**A ベドウィンのヘッドショール（Palestina）**「頭装が金庫のヘッドショール」砂漠の遊牧の民ベドウィンは幼い頃から徐々にコインを縫いたしたキャップを常時被っており、婚礼時に下部に宝石の垂れ下がるショール状のお守りを付け加え、愛馬の財と共に嫁いで行く。
B ギリシャの子供のキャップ　コットン地にインディゴブルーとブラウン絹糸でクロスステッチしたキャップ。その前にトルコのコインが 1600 枚付いているとあり、広く周辺国に伝播している。

1　帽子は最初で最小の屋根であった

ドーム・天蓋・尖頂について

辞書によると、ドーム（Dome）とは円屋根・天蓋のことで、蓋という漢字はふた・かさ・上から被せてさえぎる・草葺の屋根・天蓋とある。なお、盍は「去＋皿」の会意文字で、皿に蓋を被せたさま・被せるという意味を持ち、屋根、コップの蓋などの大小を問わず被せるものすべてに通じ、先端には必ずノット（Knot：こぶ、結び目）が付く。またウノ・ハルヴァによれば、いくつかのアルタイ系の諸民族の間では、天が天幕の屋根に似ていて、人の住む大地を覆い保護していると想像し、天も大地の蓋で丈夫な柱を立て、天蓋を支える必要があると考えた。そして民族各様に「天の柱」「鉄の木」「町の柱」……を立てる、とある。

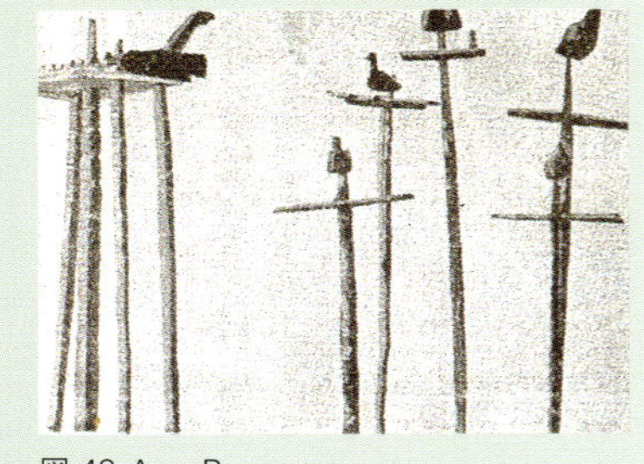

図48 A　B

図48ABは、ドルガン人の「決して倒れない柱」で、Aは柱の先に東西南北を示す四角い板、Bは横木のある樹であり、いずれも最上に鳥の姿がある。これは天上の神の子の住みかで、この隠れ家にシャマンは人間たちの魂を鳥の姿で運ぶ。この鳥・魂が尖塔では宝珠・Spireであり、頭装では羽・房・リボンなどの精霊的アクセサリーズとして具象化されており、モンゴルでは結び目Knoten（独）となっている。

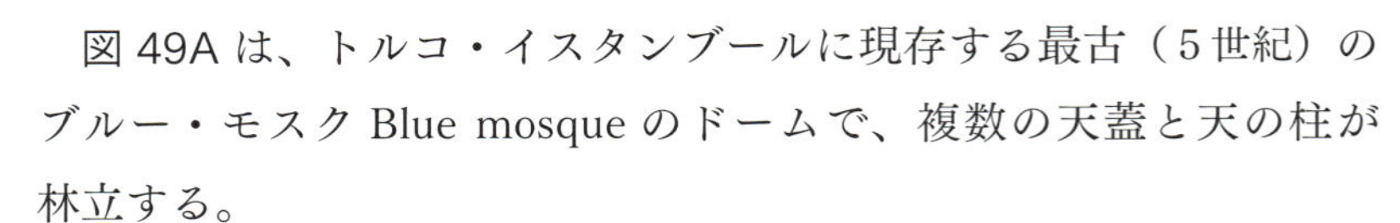

図49Aは、トルコ・イスタンブールに現存する最古（5世紀）のブルー・モスクBlue mosqueのドームで、複数の天蓋と天の柱が林立する。

図49Bのドームには放射状の溝があり、図54Aモンゴル、ゲルの屋根の骨組をアレンジしているようである。

尖塔・宝珠・Spire＝Knot・こぶ・結び目・魂

図50B・図51群　いずれも尖頂に結び目が付く。英語ではノットKnot ①結び目、②《鳥類》コオバシギ。この鳥は北方デンマークからイギリスへ渡ってくる。不確かではあるが、英国の歴史家がデンマーク王カヌートCanuteの名に因んで命名した、とか。中世、英語の記述に北方のコオバシギの名を見ることは、図48Aシャマンの運ぶ魂、鳥の形・結び目・羽・房などが、アクセサリーすなわち「神がかり的小道具」として、人体の頂点にある頭装、事物の尖

図 49A

図 49B

頂へと伝播したことが顕著に伺われる。

大地のドーム＝ブリム付き帽子

図 50A　Spire（尖頂・宇宙軸・創造力、また植物の葉身・若芽・聳え立つ芽）尖塔のあるドームは、青黄のタイルのアラベスク模様（葉・花・つるなどを幾何学的に描く模様・唐草模様）である。すなわち、発芽力に満ちた豊穣の大地への憧れ、祈願の具象の形である。

図 50B は、同じドーム形の僧帽。赤白ビーズの模様は羊の角の図像化で、帽頂の結び目 Knot は尖塔 Spire と同じくで、羊の戯れる豊かな草原のアレンジである。

図 51A は、6 片の分割線と底辺、黄ビロード地の縁取りは土を、草花模様の青い絹地で草花の芽吹く大地を図像化したもの。舌のようにペラペラ動く耳当て、尖頂に赤絹糸の結び目と剣のアクセサリーズが付く。図 50 同様ドーム型モンゴル幼年の帽子 Kindrhuet である。

図 51B は、中国官吏の帽子で、黒ビロード地のブリムは大地、帽体は白フエルト地で、尖頂は白い玉から赤縒り糸が降るように流れている。

図 51C　モンゴル官吏のティンス帽で、白青の玉から黒縒り糸 9 本の房が下がる。

図 54A　ゲルの天上と同じ赤で黒の骨組みが張られる。

図 51D　そり上がった黒のブリムは大地、白尖頂の組紐の結び目は魂を表す既婚女性の帽子チャルチェである。特に尖頂から流れる銀線は川、水を象徴し、垂れ下がる織りと赤ビーズのリボンは変化する天空の神々・虹のアレンジのようである。

図 52A　官吏の正装と同様に赤のリボンが付く。結局、51 群は図 49AB の黄黒の大地に魂 Spire を持つ天蓋、ドーム・屋根であり、赤の紐、リボンがついて、明日の晴天を確約する夕焼け空のアレンジになっている。

帽子を支える人柱・天空を支える

図 52A　モンゴルの官吏は天蓋・霊感的屋根を頭頂にいただき、すっくと立つ人柱になっている。

図 52B　モンゴル主婦の装いも、特に裾の縁取りから前中央の縦線が肩に向かい、Y 字型に広がり張られるベージュの部分は、ド

イツ語でBaumwoll mit Plastronbestz（樹木の毛の造形美術の衣服）であり、この衣服は晴れを確約し、夕日輝く屋根帽子を１本の樹人柱が支え、実に主婦の家庭を支える図像でもある。

アクセサリーズ：神がかり的小道具

図53A、川口慧海が持ち帰ったチベット祭儀用の茶托は、大地に花開く形・受花の上に龍模様のコップ、その上に神聖な赤い取っ手、すなわちドームと同意の天蓋が被さり、実に小さな茶器に大きな自然界が象徴されている。このことは、図33B仏塔の根元の受花と茶托の受花、共に花の楽園を象徴するアクセサリーといえる。

図53Bのベルは、僧の剣・独鈷型の尖頂が付いており、図51A・52Aのスプーンのような形の槍・刀とともに同意の武器でもある。すなわち帽子のアクセサリーも法具も、同じシャマニズム的大地の天蓋となっている。

図54A　ゲルも大地に立つ蓋であり、その内装と帽子は同じ様式である。

図54Bは、日本の陣笠も、大地のドーム型を表す。帽体に流れる金線はティンス帽の銀線の水、または赤い紐の夕日に順じ、輝く日照のアレンジと伺え、呪的祈願を含む造形、すなわち神がかり的小道具といえよう。

2 縁なし帽・Cap(英)＝頭脳・Kopf(独)＝茶碗・Cup

古来地上では頭蓋骨で水を飲んだ

図55Aは、前10～前6世紀、シルクロード・新疆ウイグル自治区ニルカ県出土の彩陶で、赤い顔料で描かれている。口縁部の模様は鋸歯文（ノコギリの歯型文）、胴部は交互に三角文が描かれた鉢型の土器で、新疆では先史時代から広く出土する模様である。また、口径16.8cm高さ8.6cm、ちょうど頭蓋骨にも似た器である。

図55Bは、旧・ソ連領、シャマンの頭装は金属で、複雑な頭脳・頭蓋骨を意味するキャップのようである。

図55Cも同様、シャマンの頭蓋骨のキャップである。アジア海領域で、コインの子安貝が使われている。

図55D　人面模様のキャップであるが、南方様式の材であるビーズで目鼻が、口縁部は55A彩陶器に見る鋸歯文に似た模様が刺されている。これら人面・頭蓋が、後世になると、Cap帽子となり、Cup茶碗になったようで、アメリカの開拓時代に、実に帽子で10ガロンの水が汲めるという、テンガロンハットも生まれている。

財のシンボル・ヘッドドレス

図56Aは、ギリシャに残るコインで埋め尽くされたキャップで、フェズ帽ともいわれる。

図56Bは、パレスチナの高地に住むベドウィンが、常時被るキャップである。Aと同様、厚い木綿地に、ベージュ、赤、青3色の糸のクロスステッチで埋め尽くされている。

図57Aは、素朴な帽体であるが、ウェディングまでに徐々にいろいろな垂れ下がるアクセサリー（4つのポイントの星、三角のホワイトメタル、種々のガラスのお守り、プラスチック、イミテーションパール、珊瑚のビーズ、メタルの円盤など）をつけ、婚儀用のヘッドドレスとなる。

図57B　南に住むベドウィンのヘッドドレスには子安貝がついている。遊牧文化を基盤にした南方系文化への伝播が伺える。

図58A　モンゴルでは盛装の頭装　Kopfschmuck（独）となり、図57と同様式でも山珊瑚、トルコ石、重厚な錬金術による金属など、遊牧地特有の財宝のヘッドドレスである。

図 55A
図 55B
図 55C
図 55D
図 56A
図 57A
図 57B
図 58B
図 58C
図 58A
図 56B
前
後
図 59A
図 59B
図 59C イ
図 59D
図 59C ロ

図 58B は、なおその上を、図 51C のチャルチェで覆う。実に、A は財宝づくしの脳・頭蓋骨的帽子で、家財を持ち移動する遊牧生活に叶う様式である。遊牧民は人前で脱帽が不要である。その意味も頭骸骨同様の帽子ゆえであろうか…。

図 58C は、エスキモーのダンス用ヘッドドレスで、材は南のビーズ。後世西方からの伝播と伺える。

ベールで縛る財のキャップ

図 59A　57A と同種の金属製ヘッドドレスにカシミアショールで覆ったもの。ブルガリア南部サンダンスキ Sandanski 地域ラザルバネ村 Lazaruvane の既婚女性の装い。

図 59B　ビロード地にビーズの花模様、白シルク地に長いフリンジの付く現代のカザフ族の頭装。

図 59C イロは、ウズベクのキャップで、東西南北を示す四角形である。カザフ同様遊牧系の最も高貴な織物・ビロード（天鵞絨と記し、心地よい鳥の胸毛を象徴する織り）で空をも翔け、イは綿の模様、ロは唐辛子の辛さで魔よけ、多種で多産、多幸を祈願する模様となる。

図 59D は、遊牧系カザフと同型であるが、小花模様が綿糸、クロスステッチで綿密に刺された、フンザ王国の頭装。

図 59群の宝のごときキャップを、肩まで包む大きなベール veil（神の守護、運命、純潔などを象徴する）で縛る装いには遊牧系風俗の伝播が伺える。

3　冠＝頭頂に輝く森・豊穣の大地

ライオン・ドラゴン・太陽神と冠

古来エジプトでは原野で、ふさふさとたてがみをなびかせ、悠然と振舞うライオンの姿を「百獣の王」と崇めた。その具象例の一つにシドンの港（文明幕明けの地中海東沿岸レバノン・シドンの港はキャラバンサライ・駱駝の隊商の宿地、シルクロード交易出発点の港街）を護る「ライオンの砦」がある（図 60A）。石造の、ライオンの口は入り口、その上部の放射状はたてがみと同時に輝く太陽を表す。右胴部にはめ込まれた丸い石、これこそ毛穴・意匠ドットのオリジンと感動の具象例である。

図 60A

図 60B は、北海道にある蝦夷風俗関係の美術館入り口のドラゴンである。

前記図 29・30AB でも記したように、暴力・悪の象徴と描かれ、泉・宝物・女性を守護するとの伝説がある。

また、英語語源事典では、龍・大蛇、架空の動物、ギリシャ原義には眼が見える・晴眼の意もある。未だ浅学ながら、南のライオンのたてがみと、北のドラゴンの逆立つ頭髪はオーバーラップしつつ、民族各様の材で、頭頂に輝く冠としてのアレンジがなされ、ユーラシアの大陸に広く伝播していることが伺える。しかし、常識的冠とは、王や支配者階級の被り物ぐらいの、抽象的観念に留まるのが正直なところと考えるが、以下具象例を検証していく。

図 60B

クローネ　Krone（独）・クラウン Crown（英）について

語源的に見ると、ドイツ語のクローネはオーストリア・北欧諸国の貨幣単位である。名詞では冠、王冠、樹（花）冠、支配者、歯冠、波頭、時計の龍頭、シャンデリア：（太陽の）コロナ、月のかさ、王政、王権、精華などの意味がある。英語のクラウンもほぼ同意ながら、（至上の）光栄、天上の幸福、（キリストの）いばらの冠、葉冠（古代人の勝利・名誉の象徴）も加わる。

図 61AB は、いずれも韓国のシャマンの霊冠で、A は 5 本のフクロウの羽毛と、2 本の大樹からの角、正面の三組の子安貝とビーズ飾りは、晴眼の象徴であろう。B は韓国国王の金冠・五幹の立華（花木樹葉を花瓶にさして形を整える）で、3 本の常緑樹と鹿の角一対が不朽の金で、また揺れる木の葉も付く。この A の羽毛は B の常緑樹であり、すなわち鹿戯れる常緑の森・楽園を象徴している。

図 61C は、モンゴルのシャマンの背面で、A と同様に常緑の森、フクロウの羽毛の下に、蛇の意のリボンが揺れる。これらを図 60 と照合すると、逆立つ頭髪はライオンのたてがみ・太陽を意味し、背には蛇、大蛇が共存していることになる。結局、湿地の爬虫類、動植物共存共栄の森、あるいは天の雨雪日照の恵み、天地の間を飛び交う鳥、すなわち宇宙の森羅万象の様式化こそがクローネ Krone で、一国一城の主は、豊穣の森の持続を祈願し、常時頭頂に必需の宗教的小道具となっている。

婚儀の冠・クローネKrone

図 62AB　ノルウェー人〔ノース人（古代西スカンジナビア人)〕トロンヘイム地方の婚礼装束の冠で、A前の頭頂は銀モールの樹林、B 後ろは照り輝く太陽のようで、華麗なリボンは図 61C シャマンの背の蛇と同様である。

図 63AB　南北に長いクロアチア〔アドリア海に面し、イタリアと相対する海岸沿いの、交易中心の多民族国家〕の冠は材が花飾りと変わるが、A 前 B 後ろ共に左図 62 と同様式である。また AB はオーストリア南部から、C 単純な環状の冠は北部からの移住民であり、背のリボンにシャマニズム的伝播が伺える。

図 64A　ハンガリーの婚約中の花嫁の冠で、稲穂の材の獅子のたてがみ、あるいは輝く太陽を表現しているようである。

図 64B は、北隣りの国チェコスロバキア、図 64C はさらに北隣

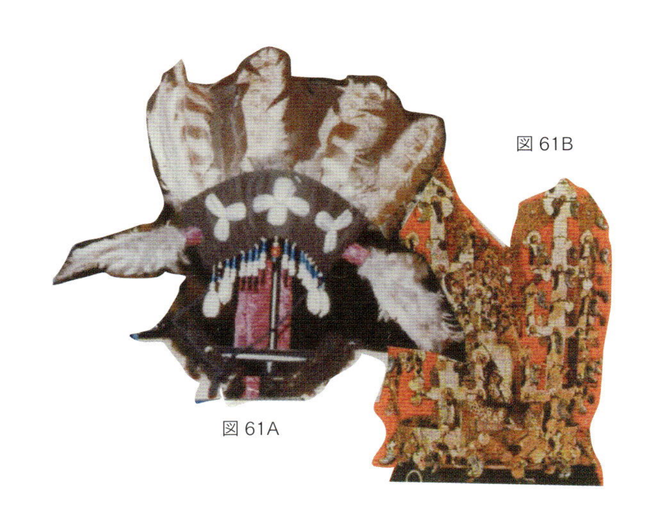
図 61B

図 61A

図 61C　図 62A　図 62B　図 63A　図 63B　図 63C

図 64A　図 64B　図 64C

図 65

りポーランドの花嫁の花冠であり、BC は材が花に変わるが、A と同じ様式と見える。また ABC 共に、額にある鉢巻のような白線は、古代エジプトで王即位の時、前掲図 27 の二重冠〔王が統治の二国を明確に表すため、上エジプトを表す白冠を少し覗かせ、下エジプトを表す赤冠を上にする(18)〕を被る。後世の婚儀の晴れ姿にも、両家を結び納める意が…、二重冠の伝播に伺える。

日本皇室の最礼装の髪型「おすべらかし」は、図 65 愛染明王の獅子冠に類するようで、障害を克復し強さを表すとある。また額中央の三股冠は第三眼〔三界を見通す三つの目〕とあり、図 61A の三つの子安貝、後掲図 68 花冠中央 5 本のビーズの房に通じ、これら額中央のアクセサリーズは、見通しの利く晴眼の意があるようである。

4 頭頂の森羅万象

太陽神と祭儀の冠

古代エジプトでは、太陽光線が地上に住むあらゆる生物に恵みを与えると確信しており、いろいろな動植物を神格化し図像化して太陽神〔太陽を宗教信仰の対象として神格化したもの〕とした。以下に各地域の例をみてみよう。

図 66A　王墓の入り口に立つ、ハヤブサの頭をした太陽神ラーの姿で、太陽が昇降する地平線に立ち、未来と現世の両方で力を持つという(19)。

図 66B　開花するロータス〔聖なる青いスイレンは古代エジプトの象徴〕をシンボルとする太陽神ネフェル・テムとある。

図 67A　ドイツ Gutach 村の Bollenhut は新婦の財産であり、赤白青の小さな細長い板ガラスの集合は、降り注ぐ光の集合ではなかろうか。

図 67B　ドイツ Meersburg 村、少女用の丸屋根のようなボンネットは、クローネ Krone の意を持つコロナ〔太陽の縁から四方にぼやけて見える真珠色の淡光〕の光冠のようである。

図 67C　ポーランド中央部ウォーブィチ地方の婚礼衣装の被り物も A と同様式に見え、材は銀モール、バラが当地の象徴のよう

図 66A　図 66B　図 67A　図 67C　図 68

図 67B

である。

図 68 のロシア koctiom 地方の婚礼衣装は、大きなドーナツ型にリボンを並べ中央で引き絞めた。やはりコロナ、日輪のアレンジと見られる。

豊穣・完成の証、房付き角帽・Mortarboard hat（韓国）

図 69A　韓国では皇帝や天子が被る。伝統的儀式、特に豊穣祈願祭の被り物で、中国伝来という。

図 69B　平たい板・モルタルボードに、白黒赤黄青 5 原色のビーズのついた紐が 9 本ぶら下がる〔9 の数は、完成、純潔、豊穣の意を持つ数〕。これらのアクセサリーズは、天と地の間、宇宙の秩序の保護、すなわち天の恵み光と雨のアレンジであり神格化と見え、国家の護国豊穣祈願の象徴となっている。

図 69C　莫高屈第 98 屈東壁南側に描かれる、于闐国王聖天供養図で、于闐王は堂々とした体軀に日月や龍の縫い取り文様のある袞龍衣を纏い、頭頂には北斗七星をあしらった冕旒・mianliu〔中国語、古代の帝王や諸侯、郷、太夫などの冠の前後に垂らす玉飾り〕を戴くとあり、これらが韓国へ伝播したものと伺える。なお日本では袞衣（袞龍の御衣の略）で天皇の礼服をさす。

図 69D　ノルウェー・Voss〔ベルゲンの東方にある町〕の花嫁の冠 Brure Krone で金属に変わるが、ABC と共に、同様式のアクセ

図 69A　図 69B　図 69C　図 69D　図 69E　図 69F　図 70A　図 70B

サリーが垂れ下がる。

図69E　西洋の学を修めた証、学士の房付き角帽がモルタルボードハットで、この名称こそが48A、決して倒れない柱の四角のボード、またその板に止まる鳥、シャマンの運ぶ魂が、垂れ下がる房のアイデア源と伺える。

図69F　ラップランド、スオミ族の男性の華麗な揺れる帽子。貼られる太い刺繍リボンは草原、茶白の毛で羊とトナカイの群、赤黄緑のフエルトのリボンは虹、四角で青空と東西南北、まさに大地の繁栄を象徴するデザインである。

図70A　ボードが厚地のグログラン地に変わるが、インドのアルナチャールプラディ州〔インド最北東端〕で、今なお（2003年当時）鳥と語るシャマンの豊穣祈願の姿。その頭装は、三組の子安貝の中央に三本組の羽毛の束が鳥、房、すなわちシャマンの運ぶ魂と伺える。

図70B　中国少数民族ハニ（哈尼）族の被り物にも同意の伝播が見える。

韓国の官吏の礼冠（Wonyugwan）

図71A前　韓国の祭時の際、皇帝は前記69Aの冠をつけ、上位軍人や武官はこの礼冠を被る。最上部の、12本の白縦線は光る材ビーズが使われ、太陽光線を意味するようである。

図71B後　翡翠（ひすい）のヘアピンの両端、長い黒紐も主要で、Cの中国伝来のものと同様である。

図71C前後　目下最古の実物で、唐の建国に活躍した将軍・李（り）勣（えい）の墓から1971年に出土した三梁進徳冠（さんりょうしんとくかん）である。この冠は薄い

図71A 前　図71B 後　図71C 前　図71C 後　図71D

金銅の骨組みで、その頂部に３本の金銅製梁（浄化の象徴）が渡されている。その外側には薄い革に透かし彫りをした花飾りが貼られる。左右対称に３つの円孔が配列され、上は簪、下の両孔は紐を通してあり、材料は変っても A と同様式で一級品である。

図 71D　日本の冷泉家に伝わる礼冠で、平安期以降天皇の即位式にだけ用いた、公家第一の頭装である。三山冠の周囲に金色の押鬘を巡らせ、後ろに櫛型を立てて花座に乗せた玉を飾る。額には、雲型の座を置き、麒麟の徽を立て、玉の色と徽で位を示す。麒麟の徽は臣下の料であることを示しており、過多の装飾も加わるが、ABCD は同様式の伝播と伺えよう。

5　角と羊と角隠し

羊姿の花嫁と教会

図72ABはウイグル族花嫁の婚礼支度の様子。Aは横たわる羊が絨毯に捕らわれた姿で、母親の兄弟や叔父たちの手で婚家に運ばれるが、その間花嫁は泣き続けなければならない。すなわち、遊牧民の、大事に飼育される雌羊に仮装し、婚家に向かう演出となっている。

Bは近隣者も呼び、敷いた白布の上に赤い衣装の花嫁を捕らえた形で頭からも白布で包む。

図72C　ブルガリア、ロドップ山岳部（Rhodop Mountains）の花嫁は、朝汲んだ水差しを持ち、婚約の証に織った手作りの白手拭で繋がれ、男兄弟が婚家へ誘導している。その姿は、あたかも牧童に引かれていく羊のようである。実に、遊牧生活での花嫁は、多産、子孫繁栄の源であり、人以上に有益・貴重な財の羊と化して嫁ぐ演出となっているのである。

図72A

図72B

図72C

角と羊の神格化

ユーラシア大陸の中央部の地、中国新疆ウイグル自治区の「疆」の文字は、田に上・下3本の横線「一」で組み合わされ、上がアルタイ、真ん中が天山、下が崑崙の三大山脈を意味しているとされる。間の「田」は盆地、特に北の高山アルタイ山脈は、冬、北海から吹きすさぶ季節風を遮る天然の要塞となり、アルタイ南の山麓は雨雪の少ない、遊牧に適した乾燥の草原を育む。山頂の雪解け水は、緑豊かな森と湖を形成し、天然資源に恵まれた、あらゆる動植物の生存を約束する楽園である。前述のように、森林草原文化の源郷であり、東西南北シルクロードの交流点として繁栄の歴史を持つのがウイグル王国である。

図73A　アルタイ山南山麓には青銅器時代以前といわれる、多くの羊や鹿などの画かれた岩刻画（The Duolart rock Carving）がある。

図73B　山羊は、紀元前3500年頃、すでに家畜化し、乳・肉・毛を広く利用していた。角は雌雄にかかわらず、生えたり生えなかったりする、とされる。りんご型の角は飼育用の山羊で、群がり移動する習性を持つ羊のリーダー役のものである。

図 73A

図 73B

図 73C

図 73E

図 73D

図 73C　アイベックスは野生山羊の一種で、その角は弓形に後方にカーブし、一年ごとに出来る節が目立つ。草木の乏しい岩盤の高地で、水や餌のありかを知る能力に長け、急斜面も素早く駆け下りる、強靭な棲息力に富む山羊の王者である。

図 73D　山羊・羊・馬・キリンは同じ偶蹄類であるが、すぐに群をつくりたがり、付和雷同の性格が強く、生活力の弱い動物に見られるのが羊で、アルタイ山麓の草原で動く車窓から写せた飼育羊の群である。その角の先端は外向き、雄は大きく、基部はかさばり、断面は三角形、乳房が２個。雌の角は狭く小さく、乳房は４個である。妊娠期間は 150 日で１～２頭の子を産み、子は４ヶ月で離乳する。１年で妊娠可能になるが、成熟するのに３年はかかる。雄の子は大半去勢される。またその肉は柔らかく美味しいという。

図 73E　娘さんが白い子羊を愛撫するポーズは、実に花嫁姿の原型のようである。

乾燥した草原に成り立つ、飼育羊の遊牧生活とは、多くの羊の飼育・遊牧に始まり、多種多様の羊の毛・肉・乳、糞までも人間生活必需の糧とし材とし、有益に活用するための

図 73F

図 76　図 75C　図 75B　図 75A

営みといえる。100％羊の恩恵に預かる人々は、鎮魂の意を込め、羊を神と祭り上げ、祭事を行う。

図 73F　遊牧系民族移住の多いルーマニアの教会。その右端は羊の前足を伸ばして横たわる姿で、屋根には小さな角がある。肉に次いで大切なのは燃料に必需の糞であるが、その排泄口が左端にあり、教会の出入口となっている。実に羊の体内に包まれ、村人の安泰祈願するのが教会であり、後ろのキリスト系墓標は羊の横たわる姿にアレンジされている。

また、村人を束ねる牧師の名は羊を誘導する牧童に由来する一方、草を食いつくす悪獣とされる野生の山羊は、鎮魂を願う神への生贄とされる。

アメリカ南西部への羊の移入は7世紀初めであるが、現今アメリカ先住民ナバホ族の間では、頻繁にミス・コンテストが行われ、伝統文化保存の目的で伝統的手工芸なども競われる。

なお、２人組で行う、羊の屠殺に始まり、解体、ソーセージ作り

図 74B　図 74A ①②　図 74C　図 74D　図 74E

など、完全な羊の処理までも審査対象にされている。西洋の長い歴史の上で羊のキリスト教での神格化、貴重視化は列挙に暇がない。

今日ごく当然のように、白いウエディングドレスとベールにおおわれ、教会のバージンロードを進む花嫁姿があるが、その原点を前掲図 72AB に見るのは、無理な話であろうか。

まことに独断ながら、花嫁＝貴重な羊と解釈し、また同種の偶蹄類の鹿、トナカイ、牛などの枝角も混在するが、以下、角と角隠しの伝播を列挙してみよう。

角と角隠しの伝播

図 74A　①モンゴルの花嫁。驚く程太い角は羊か鹿の枝角である。チャルチェの下には、②の珊瑚、トルコ石入り金銀メッキのキャップを富として被る。

13 世紀の頃から、モンゴル、チンギスハンのもと、馬を足とした騎馬遊牧文化がユーラシアの大陸を制覇した。その広大な大地の移動に備え、つねに身に最上の逸品を携帯するのが遊牧民のデザイン条件であり、それがこの花嫁装束にも表れている。

図 74B　近代チベットの花嫁。金襴緞子の布で小さな角の頭飾りを被る。

図 74C 中国、近代民俗天津展覧の花嫁装束。頭装は、赤い房つきの袱紗（ふくさ）で覆われている。

図 74D　北朝鮮の花嫁姿。白布で包まれた綿帽子（か？）は、雪中の角の覆い方ではないかと解釈している。

図 74E　日本の花嫁の角隠しには、頭頂に鼈甲（べっこう）製の松の簪。銀の絞め飾りは、神木である常緑の松林に鹿が戯れる森を表している。これは誠に大きな財を白布で覆いつつむ演出と伺える。

図 75ABC、前掲図 72C　遊牧民タタール族の移住者の多いブルガリアの婚礼装束。ブルガリアは南北寒暖差が各様に変化するが、北西端ベログラドチック地方のものでウールが主。中央部カルノバト地方のもので、白綿が主。南部のもので、ベールがなく、角の冠のみである。

図 72C は山岳部のもので、ベールと手拭は白綿地である。このようにアジアや東欧に多い角隠しであるが、図 76 は欧州最西端のノルウェーにも綿白布の頭装があるのに驚いた。

なお、このことについては後記の衣装のところで検討を深めたい。

6　鳥の頭巾（フード）と、さえずる鳥のトーク帽

シャマンと鳥の頭巾

図 77ABC　A はユーラシア極北東アルタイ系シャマンの頭装で、鷲ミミズクの剥いだ皮を被る。B は天理参考館展示の韓国系シャマンの頭装。C も同型なものにリボンがつく。

図 78ABCD　A は韓国の高貴な階級の女児の頭巾（Jobawi）で、シルクサテンかブロケードか、ビロードに鳥の胸毛のような心地よい織りがつくのが格調高い条件で、額の翡翠の房飾りは知性の象徴、頭脳・理性をも標章する。B は男性の頭巾（Nambawi）、A とは模様の草木の葉〔豊穣の証〕が金で描かれるのが相違。共に図 77 のシャマニズム的思想を忠実に模す造形がわかる。C はチベット仏教の変革者として知られるツォンカパの像で、特に図 77B と類似している。D は中国フフホト市北魏墓出土の鎮墓陶俑〔墓の副葬品〕で、この耳を覆う頭巾は、寒帯での防寒を兼ね、シャマニズム的飛翔祈願を顕著に表す宗教的小道具といえよう。

鳥の頭のフード

図 79ABC　A は BC2600 年にも遡るメソポタミア・シュメール王朝期の出土品、ウルのスタンダードの小箱に見る兵士で、ケープのドット模様は毛穴、フードは鳥フクロウのアレンジのよう。B は顎下に留めがつく北欧ラップランド、サミー族の毛皮のフード。赤

図 77A　図 77B　図 77C　図 78A　図 78B　図 78C　図 78D

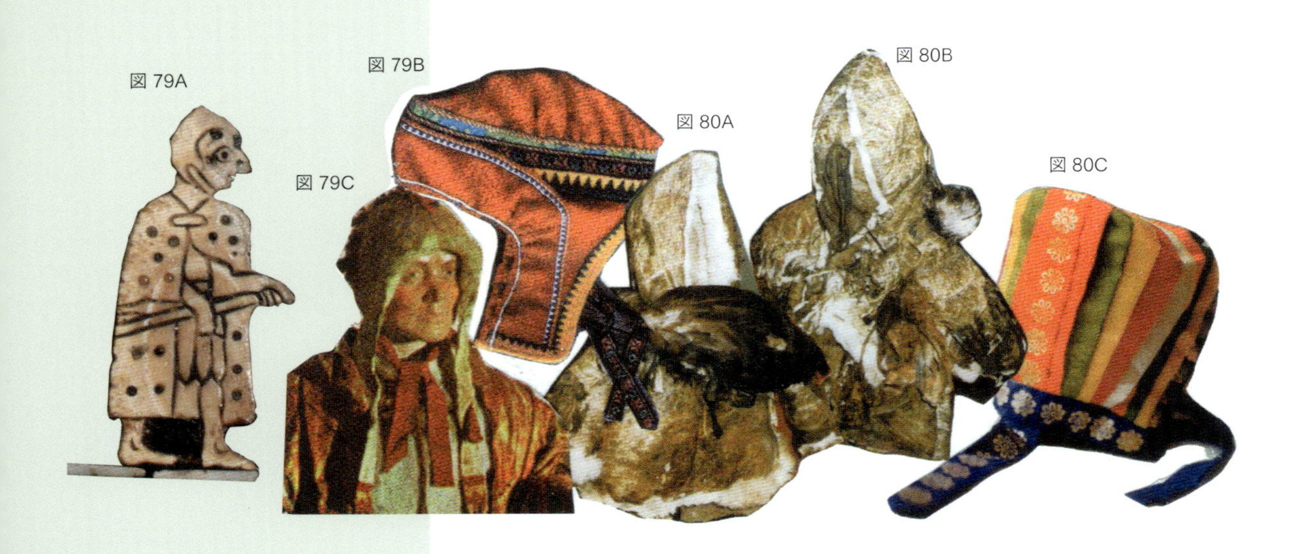

い小さなリボンが複数頭頂にひらめく。C も同じサミー族の現代羅紗地で赤黄青黒のテープがついた頭装。

図 80ABC　AB は北欧デンマーク、コペンハーゲン国立博物館陳列の、実に鳥の剥ぎ皮が重なる子供のコート。B　後ろ頭頂部のリボンは必需の神がかり的小道具である。C　この呪的様式のフードは、ユーラシア東端の韓国で宇宙を象徴する朱緑黄青白の子供用頭装にも見られる。

トーク　Toque［縁なし帽］=Talk［話す］=Skull［頭脳］Cap

手持ちの資料を分別し、残る資料をなお類似形態で並べると、以下の４種になり、図 88 まで一見異形に見える小さなブリムつきもすべてトーク・縁なし帽である。

これまで述べてきたようにシャマニズムでは、鮮やかな鳥のさえずりの絶えない森林草原の中、狩猟、採集に勤しむ男性は、鳥の鳴き声が理解出来、鳥と話が出来るとされている。したがって、そのままの形の帽体が頭蓋骨・Skull または頭脳であり、トーク Talk・話すの語が帽子と結びついたと解釈している。

図 81AB　A　特に黒いリボンはレバノンのミレニアン〔至福千年説の信者〕を語り、三角垂の帽体は古くフェニキア人のシンボルである。B　モロッコの赤いフエルト地のフェズ、男子イスラム教徒の帽子である。

図 82AB　A　ハンガリーの、太鼓で時を告げるシャマンの黒い帽子。B はブルガリアの男性の帽子で赤い花が付く。

図 83AB　A はノルウェー男性の例でこちらは赤、B はフィンランド男性のもの。その他ヨーロッパの男性の頭装は黒か赤が多く、フエルト地のキャップを被るのが通例のようである。日本の昔話にも「赤い頭巾を被ると鳥の言葉がわかるぞ…と神のお告げがあり、爺様は神から貰った」などと、シャマニズムの神仙思想を含みつつ、東西への広い伝播が読みとれる。

韓国婚礼頭装の語るもの

図 84ABCD　A 韓国の婚礼の儀式は、常緑樹と吉兆の象徴である尾長鳥の描かれた屏風、すなわちシャマニズムの森林を背景に、女性は花冠、男性は鳥の紗帽〔紗の布を漆塗りで固めたもの〕を被って、行われる。B が女性の花冠で、頭頂に模造の真珠や珊瑚のごとき玉が数本団子のように刺され、真ん中の花や蝶がバネ仕掛けで

ひらめく。額正面にある翡翠と5本のビーズの房は、高貴の象徴青眼で、豊穣の花園・楽園のごとき花冠を戴き嫁ぐ。白布と五色の袖は羽を象徴するし、C　左下端に白い労働着で仰ぎ見る男性の憧れの象徴の花嫁あるいは飛天・天女と化して描かれている。D　韓国男性官吏の制帽。鳥を象徴する紗帽で、Aの韓国婚礼の演出は、結局花咲く楽園に鳥が飛び交い、鳥の糞による種の運搬で、五穀豊穣・子孫繁栄の祈祷祈願の様式化、具象の形態といえようか。

東南アジアの鳥帽

図85ABC　Aはインドネシアの僧侶の装い。Bは古くは籐製で、後ろが尾っぽのキャップ状、Cは新しく、特産の印花布・ジャワ更紗で鳥形が作られている。

図86ABC　Aフンザ王国、王の被り物は、綿糸の編みに、インド特産のミラーワークが施され、正面の切り口は鳥を象徴する。Bアイヌのオロチョンの火祭りでも、祭司はこの藁製の鳥を被り、村の安穏を祈願する。C中国南西端、東南アジアとの国境沿いの山岳部に住む少数民族苗・ミャオ族の子供の送葬時の姿で、腰部に鳥の尾のスカート、頭部はC図のように赤いぼんぼりが鶏のとさかで、鶏の姿と化して埋葬される。

最初の小さな屋根　トーク帽へ

図87ABCDE 文明の夜明けを語るがごとき、路上での最初の出店は、コーヒーショップと帽子屋である。Aはシルクロード西側、

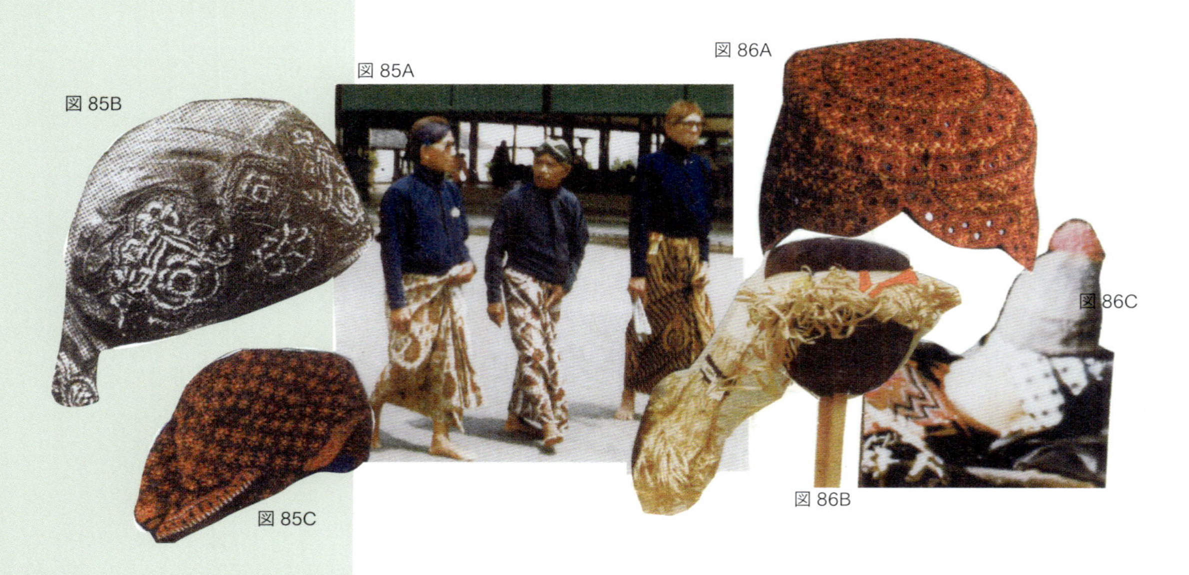
図85A
図85B
図85C
図86A
図86B
図86C

東西南北主要道路の交差点カシュガルで、大袈裟な言い方でも、古来東西南北の宗教・歴史、実に有機的・無機的あらゆる文明・文化、物資の交流点ともいえる地。そのバザールの帽子屋、最初の屋根ともいえる帽子の材は、Bのフエルト。下を巻き上げ、展示のような平たいベレーで被る。

またCは後世イギリスの毛糸で編んだベレー帽であるが、色はすべて羊毛のもつ自然色。白から茶系の明暗トーンが必定である。Dは同様の形ながらパレスチナの物、綿糸の鈎針編みで、ずっと近代の夏帽である。Eはチベット南山麓ブータンの、雨よけの分厚いフエルトの帽子。４本の足？から雨水が滴り落ち、実に傘に代わる、最小の屋根である。

図88ABC　このようなキャップ・コップ型の帽体に小さな縁・ブリム（水辺の語意もある）付きもトークである。

A　東欧の男性用は、鳥の巣のごとき、粗野な麦藁感覚の装飾が付く。

B　東欧ハンガリーの少年用は、小花模様のチロリアンテープと造花が付く。

C　ドイツの女性用も長い鳥の羽毛と造花で飾られている。

ABCいずれも花咲き鳥さえずる野原を連想させる装飾に、ブリム（水辺）まで付いている。材もまた艶やかなサテン地、鳥の胸毛のごとく心地よいシール地は、これらのトークに必定であり、前記、天鵞絨（ビロード）も含め、水鳥の胸毛が最も心地よい感触、幸多い織りとして神格化され、特に儀式用には必定といえよう。

図88A　図87B　図87A　図88B　図87E　図88C　図87C　図87D

7　一頭装に読める呪的思想の伝播

角隠しの伝播について

当初、種目別分類と統計的数値の必要性を考え、進め出したが,折しもNHKの放送で『神話の話』の著者吉田敦彦先生と、秋山和平アナウンサーの対話を耳にし、探しあぐねていた神話・民話のルーツや貴重な説を拝聴した。それらは

「東西似通う神話・民話も生活の実話にもつながり、そのルーツには錬金術の発明による恒久的、機能的民具の出現が大きく働いている。スキタイを基点とする騎馬遊牧民族が、エジプト、ギリシャの祭儀様式を模し、ギリシャ職人の手を借りた錬金術で、戦いで強靭な威力を発する馬具を、また多様なアクセサリーズ、すなわち宗教的小道具をしつらえ、祭儀様式と共に広く東西に伝播する。現ウクライナあたりを拠点に、北欧にも東洋、そして日本にも共通の民話・神話が見られる。」とのことである。

本稿の図74・75・76群の角隠しを、方向も見えずに探索・列挙してみると、確かに上説どおり並ぶことに脱帽した。

いまだ浅学希少な資料ながらも、角隠しの伝播とは、まず図74騎馬遊牧文化圏モンゴルの、錬金術に埋め尽くされた頭装を筆頭に、西へはチベット、ブルガリア、果てはノルウェーの大西洋岸まで、東へは北東沿いに中国、韓国、日本への伝播が伺える。また婚礼装束の様式とは、遊牧生活で最重要視される羊のごとき財・富の具象化であり、日本では羊的富を文金高島田・知識と土地に変えて白布で覆い、角隠しと呼び、東西へ伝播していると結べよう。

図89A

図89B

図70群　モルタルボードハットの日本着

図89AB　A　歌舞伎の女猿曳きお梅の被り物は、分厚い織り地で板のような物。これは、図70Aインド北東端、アルナチャールプラディシューのシャマンと同形で、浮世の経験も豊かな巫女的な役を表わしている。あわせて、左手の持ち物は、図89Bエジプトの絵文字ヒエログリフの最上図アンク（生命、生きる）と同形で、この形は古代の花飾りや鏡も同じアンクの意を象徴している。

また演題の鷗（ともどり）とは、ちょうど図45にも似た北の渡り鳥、かもめのことで、すなわちこの演目お梅の姿は、北方からの流浪の旅姿、

浮世離れの巫女的女猿曳きであり、生命を象徴するアンクを手に、お染・久松の成さぬ恋路の悲しみをいさめ慰める情景を演じている。しかし、いまなおシャマニズム的で、神聖な幼児のような直感的発想では、お梅の板のような被り物は、図48で述べるシャマンが人間たちの魂を運ぶ神の子らの住家ともなり、左手の生命を象徴するアンクで、悩める魂を救い預かるがごときシャーム・演出ともいえよう…。これらのアクセサリーは正しく宗教的小道具である。そして、確かに上記吉田氏のお説どおり、はるかエジプトの祭儀用アクセサリーであるアンクが、ユーラシア北東部のシャマニズムとも習合し、ここ日本、京の都に伝播して歌舞伎に具象の姿があり、また背中の猿はチベット仏教の発端にも関わるようである。

頭装までのまとめとして

歌舞伎のお梅に見るように、その装身具から読める背景には、大きく換言すると、衣装・装束をキャンパスに展開する宗教、文化、文明までもが浮上するように思われる。特に付随させるアクセサリーズは宗教的小道具であり、この小道具こそが、古来土着の民俗信仰から、やがて多民族集合生活の中に必然的に浮上するルールが宗教、また経典ともなる。これを理解しやすく図像化、視覚に訴えやすい形態に具現、具象化が、すなわち今日の宗教的小道具のデザイン・アクセサリーズとなる。

以下、さり気ない生活の中の一本の線、一つの形にもいかなる意図、宗教性、呪的性、デザイン性が潜むかをさらに深めていく。

衣装

エプロンは地母神の証でもあった

[33] **天空神的男性衣装と袖** ハンガリー学位授与式の衣装は、男性も厚地に刺繍、裾に房の付いた化粧回しのような前掛け、袖口にゴージャスなフリル、帽子の羽毛も必需の小道具となっている。

[40A] **イ 地母神的衣装と前掛け** ブルガリアの乙女はロングシャツのウエストをアコーディオンプリーツの後裳で占め、尚厚手グログラン織り、或は村々各様の立派な前掛けを掛けての正装であり、女神像の背もたれの椅子に座っている

ロ ブルガリアの女神像形の椅子 ブルガリアにも伝播の見える女神像形の背もたれの椅子

ハ エジプトの女神像形の椅子 背もたれが女神を象徴するエジプト出土の椅子

[1A]

[1B]

A　根源的「衣」と「装」

1　ベルト、ロープ、枝角に始まる衣：図〔1AB〕

「エーゲ海のポンペイ」ともいわれるサントリーニ島は、BC15世紀に起きた海底火山の噴火で、かつて丸形であった都市の西側が海底に陥没し、断崖絶壁に削られ、三日月型に変形している。

現在、虫除けに石灰で塗りつぶされた白い家々が、岩盤の島上部に広がる観光都市として展開している。発掘で躍動的な壁画をもつ家や、大瓶を備えた商店など、高度な文化を偲ばせる遺構が引き上げられ、アテネのナショナル・ミュージアムに収納展示されている。

［1A］その商家のフレスコ画で、一見ロープでつないだ魚を両手に抱え、当時の獲物運搬法と見えたが、題名は「２匹のアンテロープ」とある。

すなわち、２匹の羚羊、主にアフリカ、アジア産の角が見事な羊、米語ではpronghorn、枝角のカモシカ（山の険しい所にいる鹿　広辞苑）とあり、一糸まとわぬ漁師の、両手のロープにつないだ魚は、アンチ（反）ロープで、枝角・カモシカの並立する角と例えていることは、古来の小アジア系シャマニズム的思想、鹿神格化の伝播が色濃く潜むように思われる。

［1B］「ボクシングをする少年」とあるフレスコ画で、この南海の岩盤の地で、ＢＣ1500年以前、両手の魚も枝角との例えをもって、鹿棲む地こそ衣装の発生源と推察、探索を深めようとする。

2　根源的衣形態、巻き衣：図〔2ABC〕

衣形態の服飾史的な位置づけは、その専門書に依存しなければならないが、本書ではそれぞれの風土の上に、すでに生じている原型的衣形態を見、その上に施されていく装飾的衣装の意図、デザインあるいは民族学的発生動機を、デザイン的見地から読み解こうとしている。

[2A]

［2A］自生する麻で、最初に布が織られたのはエジプト、インドとされる。この図はエジプトのナイル川の安穏を願う儀式で、ダチョウの白い羽毛の帽子は王を、また上半身左肩から斜めの巻き衣は高官を標章している。小幅白布で

[2B]

[2C]

少量に腰を巻くロインクロスは、僕(しもべ)たちの機能性大の巻き方。

[2B] 古代アテネの政治家の演説の景で、必要以上の大幅の巻き衣トガは学識者の衣、Aに比べて非能率的で権威誇示が大きい標識的巻き衣といえよう。

[2C] ギリシャの多量のプリーツを装うドレーパリーは装飾的で標章性に富み、Bと共に西洋的巻き衣と見る。次ページ [3白イ] の全身を巻くサリー、[白ロ] 腰を巻くロインクロス、[白ハ] 下半身を巻くサロンなどは、最低限の必要な布で細く下半身を包む実用的な巻き衣といえ、2BCのように誇示のない東洋的な巻き衣といえよう。

なお江馬務によると衣服発生の動機を以下の9項目にしている。

1 羞恥心満足説　2 貞操観念説　3 装飾説　4 標章説
5 異性牽引説　6 保健説　7 護身説　8 儀礼説
9 魔性説（呪的性）

また、デザイン的観点からは、以下の6種の客観的配慮を重視し、衣装の考察を進めていく。

1 材料　2 機能性　3 経済性
4 加工の方法（生産様式）　5 審美性
6 流行の影響（伝播）

3　着脱様式（襟明き）袖から読む根源的衣形態：図〔3茶白青赤〕

前記一枚布の巻き衣は、まずは羞恥心防御説的に、次いで美的標章的配慮優性の衣と見るが、この［3茶白青赤］では時代も進み、裁断・縫製も加わる衣装本来の機能性への配慮、着脱様式、手脚運動へのデザイン的配慮、また寒冷の地では護身性が最優先的前提条件となる。その地、その風土に生ずる素材での原型的衣形態を概観しておきたい。

［3ABC］［白］A 貫頭衣　BC 盤領イロハ巻衣　［茶］獣衣　［青］垂領　［赤］深衣

［白A］横一文字に明く貫頭衣

［白B］T字形明きの盤領（あげくび）に筒袖は最低限機能性をもつ衣形態

［白C］は同じT字形開きの盤領ながら、三角の振袖が装飾的、魔性性（ましょうせい）をも含んでくる。この白ABCの植物繊維地、盤領の様式が熱帯、亜熱帯での基本形態となり、やがてホワイトシャツとして北上する。また各様の意匠、装飾が加わり、ブラウスとしても伝播する。その装飾性発生の動機解明を重視したい。

［茶A］ＢＣ 2600 年をも遡るメソポタミア、ウル出土、王塑像の下半身は数段の羽毛図像化のスカートであり、その材は、白群の植物性から鳥の羽毛と動物性材に変わる。

なお、数段の切り替えは、機能性の乏しい魔性性、標章性に富むデザインであり、後世ティアードスカートへの源とも見え、潜む呪術性を重視している。

［茶B］は極寒地の漁労で得る糧・海獣が材。その腹部を切開、内臓を抜いた獣皮に、すっぽり身を包むオールインワンの様式で、防寒、護身の機能性が最優先、縫い目の少ない袋的な衣にわずかな明きの盤領であり、まず装飾は不要となる。またのちのアノラックの原点とも見え、遭難時にはカラフルに目立つことが重要な機能性でもある。

［茶C］ウラル・アルタイ山麓、森林草原地帯に生じるシャマンの呪衣で、前明きに打ち合わせる様式の垂領（たりくび）、また上下セパレーツ様式の獣衣に一変する。縄のれん状の下半身は鳥の尾を意味するプリーツの原点のようで魔性性に富み、その伝播も重点項目になる。

［青A］茶Cシャマンの呪衣と同宗教に見るステップ遊牧地の上着チャパンで、垂領、キルト地、対丈、筒袖の様式は、無駄のない護身的機能性に富み、前明きで羽織ることも多いことを留意しておきたい。

［青B］チベットでは、同じ垂領でも、長い着丈に帯が必需で、細く手より長い袖は、手袋も兼ね、手綱を握る乗馬時の防寒、護身的機能性に富む袖と読める。

［青C］韓国では、純粋に茶Cシャマンの呪衣セパレーツ様式を継承し、下半身の裳は尾として重要項目となる。

［青D］日本の垂領には、チベット同様長い着丈を端折るための帯が必需である。また振袖は羽、これらへの魔性性伝播も究明項目となる。

［赤A］詰襟、深い打ち合わせは、中国で深衣と呼び、乗馬の激動にはだける垂領を角張らせた深い打ち合わせ…と、筆者は解釈をしている。またチベット同様長い袖と着丈は、激動する騎馬民族特有の様式だが、調節するベルトが必需であり、同様式の帯も実に魔性性に富んでくる。

［赤B］東洋の北東端から中国にもおよび、赤Aに比べて、袖、着丈共に対丈、衿なしも混在する。これら寒暖・暑・風土に則した「衣」が時に戦い、時に交易でユーラシアの大陸を複雑に交差交流し合う。本書では特に「装」、すなわち衣の装飾性、魔性性、呪的性の発想源とその伝播を、具象例を列挙しながら解明しようとする。

4　「族」の字＝矢の方の人：図〔4ABCD〕

[4A]

[4B]

[4C]

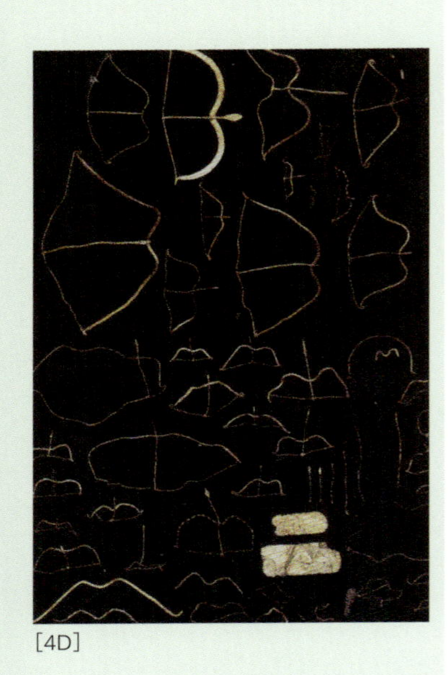

[4D]

辞書による「族」の会意文字は、矢の方の人モンゴルとある。

[4A] 馬上からの弓矢、このモンゴル発の騎射の戦法は、西洋の盾と刀の戦法より有利で、12世紀の一時期、ユーラシアの大半（西洋を除く）を征服している。

[4B] スキタイがオリジンの錬金の弓が、海の男バイキングの狩猟用にも使われた。

[4C] 8世紀の頃からバイキングの安住の地となるアイスランド海岸のモニュメントは、この弓矢である。

[4D] 上部は空の鳥が弓矢に変ずる過程、下部は大地、山からの射精（天と地の交配、キューピットのごとき考え）で、弓矢に含むシャマニズム的神秘の描写表現である。

「装」の字＝すらりと細く身拵(みごしら)え

爿は長い寝台を縦に並べた象形文字、壮はそれに士(おとこ)を加え、衣は後ろの襟を立て、前襟元を合わせ、肌を隠した襟の部分を描いたもの。装はすらりと背の高い男、また垂領の装いの細く身拵えることを示すようである。

チベット、モンゴル、日本など、長い着丈は胴の運動量を繰り上げ絞める帯が必定となってくる。また裳の尚は、空気抜きの窓、空気が細く長く立ち上ることを示し、韓国に見える長い布で作ったスカートが裳である。服の月はもと船べりにぴたりとつける板（舟服）のこと、後に体にぴったりとつける衣服とある。舟（船服）とは、船に長けた男バイキングにかかわり、洋服の搾衣(さくい)の所以でもあろうか。検討課題にもなってくる。

B　根源的アクセサリーズ・宗教的小道具

[5A]

5　樹・水・光・虹の呪的性：図〔5ABC〕

３の赤茶衣の背景となる森林草原地帯は、古来シャマニズムの地、樹氷の触れ合う音も鈴の音と例え、来る春雪解けの頃、どうどうと流れる水となって大地を潤し、あらゆる生命の生存を約束する。特に常緑で針葉の松は、世界的にパインツリーとして神格化されている。

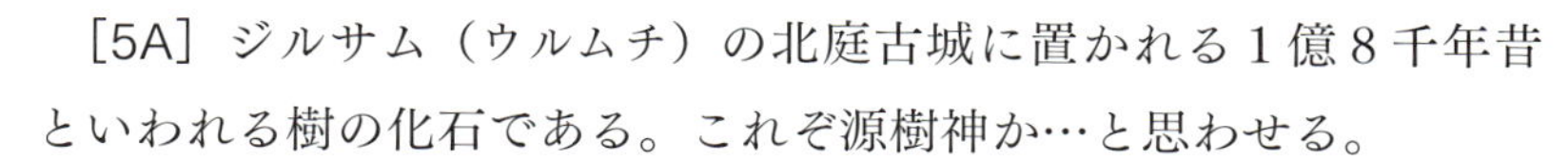

［5A］ジルサム（ウルムチ）の北庭古城に置かれる１億８千年昔といわれる樹の化石である。これぞ源樹神か…と思わせる。

［5BC］空と雲のパノラマが目に飛び込む、ラップランドの雨上がり、広大な大地から昇る水蒸気と光の接線に生ずるプリズム・七色の虹が、人が目にする恵み、筆頭の具象の形態、すなわち綾なす宇宙の森羅万象、雨雪、日照こそが「神」となってくる。このラップの帽子、頭頂ブルーの尖った四角は、空の東西南北を、小花の繍で埋まる幅太いリボン、帽体の茶毛の鹿、白毛の羊とあいまって豊穣の大地の象徴、閃く３原色のリボン・虹は神・天の恵みを象徴しており、実に神がかり的な小道具の集合体となっている。

［5D］龍神、水神を祀る伏見稲荷・神社の鈴の尾は、大地の恵み植材で縒られた太い綱を、雨雪、日照結晶のごとき虹・リボンを揺らし鳴る鈴の音（樹氷、霧氷のふれあい）で温もり、綱の房は水流、あるいは逆に龍樹の神が天翔け、水の恵みで実りの証・稲穂が垂れるデザイン設定と読み取れる。

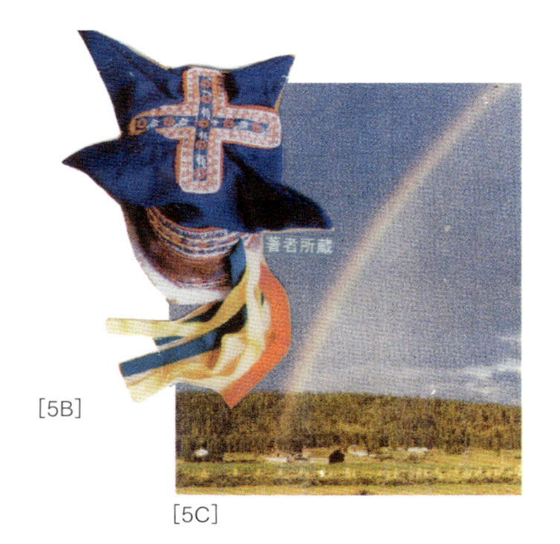

[5B]
[5C]

[5D]

6　鳥さえずり、龍横たわるアルタイの聖地：図〔6ABCD〕

[6A]

ユーラシア大陸の北東部ウラル、アルタイ山麓の森林草原地帯は、原始宗教シャマニズムの背景にふさわしい地域である。

［6A］アルタイ山脈の春、どうどうと流れる雪解け水は時に静かな淀みを作り、手前中央部、龍横たわる形のごとき小島に草木が生い茂り、禽鳥の鳴き声が響きわたる。

[6B]　トワ族の村（モンゴル系）

右端急流域の白い波しぶきの中に、散在する黒石を宝珠とたとえ、カナス河流域の龍が横たわる恐龍湾と命名され、神仙思想に満ちた聖域となっている。

［6B］今は400年の伝統保存地域となるモンゴル系トワ族の村である。

［6C］唯一、葦笛ソーアール（10程の孔のみの手製楽器）の吹けるイヤトゥシ一家の長老で、孫も習うがまだ吹けぬという。家の壁には獣皮張りのスキーや鷲の剥ぎ皮など、かつての狩猟採集生活を偲ぶ民具が飾られている。

[6C]　[6D]

広大な草原で、野鳥を友に共鳴し吹く葦笛の澄んだ音色は、まさに人と自然とが育んだ癒しの文化といえよう。

［6D］嫁の接待の飲み物は、まず長老の客に渡され、主客は茶碗を胸元に右指先で縦に天と地への感謝を、次いで両横の友に分かつ十字を切るが、思わず日本茶道の飲み方の源、さらにいえばキリスト十字架の原義がここに、とも思われた。自然の恩恵に共鳴しつつ、人の育む癒しの姿の源泉を覗けた思いでいる。

7　衣装もStupa・塔と同じ観念形態：図〔7ABC〕

エリアーデの名著『世界宗教史』によると、「宇宙創造神話と起源神話（人間、王権、社会制度、儀礼などの起源）は、宗教的知識の重要部分であった。」とあり、祭儀者の衣装起源も準ずることに注目しようとする。

[7A]

[7A] ドゥッカの廟。

「古代地中海の南岸チュニジア、ドゥッカの町はずれに建つドゥッカの廟（3世紀頃、高さ 21 m、大英博物館の碑文には建築家ザマルがマンギを助手に、他の協力者、鍛冶と共に建てたと記されているという）で、頂上に置かれた獅子は太陽を、ピラミッドの四隅に立つサイレンは空気の精を象徴し、共に天上界を表わしており、死者が騎士に導かれ、戦車に乗って、天上にあるあの世に旅立つ様を表現すると解釈されている。エジプト、アルカイック、ヘレニスティックの要素を巧みにした美しい建築で、旧カルタゴ圏の最も優れた作品であるばかりでなく、前3～前2世紀の地中海ヘレニズム建築の水準を示す傑作である。『体系世界の美術　古代地中海美術』学研」

[7B] モンゴル金メッキのストゥーパ

「（梵語 stupa・卒塔婆）。仏陀の骨や髪または一般に聖遺物を奉るために土石を椀型に盛り、あるいは煉瓦を積んで作った建造物。聖跡を標示するためにつくった支堤を塔と呼ぶ。（広辞苑）」

[7B]

7AB　いずれも霊を葬る宗教的同意の形態で、地水火風空がゲシュタルト・観念的に形態化されている。その上部の三角錐は空輪、中部火論の馬蹄形の窪みにはクジャクの胴、入口は羽を広げた図像で、空中への飛翔を表すものか。地輪部に図像が線刻され、左はイスラム系のライオン、中央はインドの象、右にモンゴルの馬があり、最下の階段は水辺のようである。

[7C] ステップ遊牧地で馬技に長け、後世ロシアの強力な騎馬軍団コザック兵の前身でもあるカザフ族、その未婚女性の正装。7Bの三角錐の空輪がとんがり帽、赤の透けるベールは 7A にも見る太陽と四隅に立つサイレン・空気の精・風を象徴する。胴部は、仏語で brassier・火輪となっている。スカート複数段のフリルは、地輪の階段、青色が豊かな水辺を表現し、正しく人の装う衣もまたストゥーパとなっている。

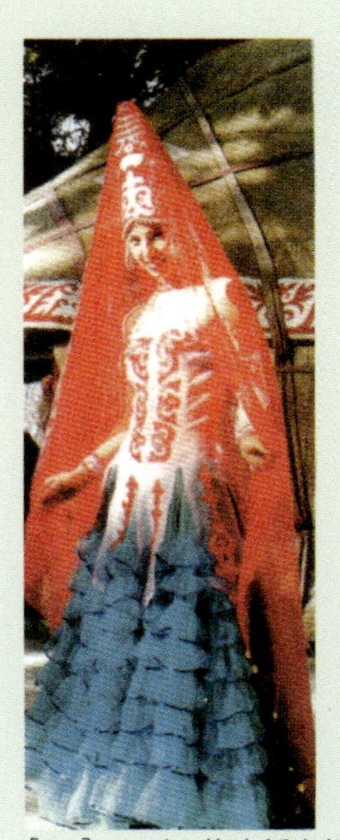

[7C] カザフ族未婚女性

[8A]

[8B]

C　衣装の持つ神仙思想

8　白いとんがり帽の語るもの：図〔8ABCD〕

[8A] 地中海東端フェニキア（現パレスチナで、古来海洋交易で名高いフェニキア商人の居住地）の古都ビブロスに流布する幽界の王オシリス〔古代エジプトの神、天神と地神の子で、死後復活して冥界の支配者となる〕の石像で、最も下で支えるのはカバ、王の椅子は支柱であり、白帽の雷雲を支えるのであろう。挙げた手が重要で、風を招き、雨乞いの観念形態のようである。前記のように、ナイル河岸の安穏祈願祭事で、一国を支える王の最大事は雨乞いをすること。エジプト王の被る白帽は雷雲、後の風神雷神の源ともいえようか。

[8B] カナン（聖書におけるパレスチナの地）人の作った土製の器に、２頭の雄牛と農夫は、常時三角帽の雷雲祈願を頭頂に戴き立つ小像と読み取れる。

[8C] パレスチナの花嫁の頭装で、左側銀製の長い棒状のタントラ（ヒンドゥー教のシヴァ神のシャクティ（性力）を崇拝するシャークタ派の文献の通称）に右の被せた白いベールは、7C　塔の空輪と同じく、風のベールの神仙思想を持つといえよう。

[8D] パレスチナの聖樹のごときレバノン杉（古来造船、教会などに使う貴重な材木源）の前で踊る白いとんがり帽とベールは、7C 赤の太陽光に順じ霞、霧と読め、舞踏の衣とは、生命を育む天地の神々への、感謝・歓喜の具象の姿といえようか。

[8C]

[8D]

9　西アジアの白とんがり帽：図〔9ABCD〕

［9A］トルコの山岳神像。

アズギョイ下町出土、高さ 3.6cm の象牙製の山岳神像で、ＢＣ 14 世紀のヒッタイト帝国時代のもの（アナトリア文明博物館所蔵）。ヒッタイト帝国とは、黒海南部アナトリア半島に築かれた王国で、最初に鉄を使い始めたことで知られる。後にメソポタミアなどを征服、また 8 世紀頃、アッシリア商人の植民都市がアナトリアに展開した。（検索）

［9A］

すなわち当地は東西文化の交流点であり、この神像も 7BC ストゥーパにも通じるお守りのようで、特に 8A 同様、挙げた手は神格化に必需の形のようである。

［9B］先記 7C 同様、カザフ族の婚礼衣装で、後方に白ベールが下がり、被り口の茶毛は馬であろう。

［9B］

［9C］このとんがり帽はクシャーナ王のシンボルである。詳細な歴史は検索に依存するが、１～３世紀北西インド、中央アジアを支配した古代王朝で、ガンダーラ仏など、初めて仏像の登場を見る仏教繁栄の時でもある。

［9C］

［9D］イスラム系聖堂の屋根も、当帽と同形を取っており、今日クリスマスでも三角帽子で聖夜を祝う。

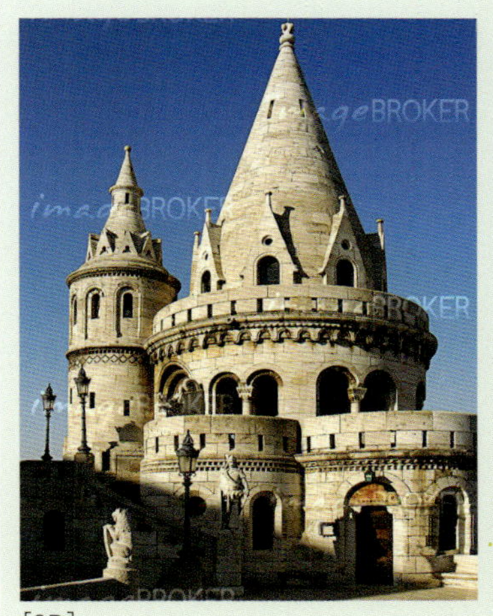

［9D］

［結び］

天空に聳える白のとんがり帽、そこに吹く風、空気を意味するベールや霞被（かひ）（薄いベールの中国名）、またヒラヒラと浮遊力さえ感じさせる幾段ものフリル付きスカートにも（アンダースカートの必然性は後述する）、すべて何らかの宗教的観念を発見することができる。

エリアーデの述べる宗教混淆・シンクレティズムが、ストゥーパの火輪に線刻された動物（イスラム系のライオン、インド系の象、中央アジア系の馬、東洋系の孔雀など）の混在からも読みとれる。そのストゥーパと同様式をとる衣の装いとは、同一宗教内では衣全体が宗教的小道具の集合体であるともいえようか。

10　祭儀用衣に必需のフリル、ベール、ブーケとは：図〔10ABCD〕

［10A］クレタの小像

「ＢＣ 1600 ～ 1500 年、クレタ島出土の粘体性、油彩の小像で、胸の開いた短い上着、きつく絞めた装飾付きバンド、横襞のあるスカートは宮廷の女性と同じである。しかし両手に蛇を持ち、帽子の上に牝獅子？がうずくまるのは、普通の女性ではなく、女祭司または女神と見てよいであろう。また、蛇が示すように、土地に関係があり、地の神かもしれない。（村山数之亮『大系世界の美術・古代地中海美術』学研）」

［10A］

とあるが、階段状の襞か、フリルのある下半身、三角錐の頭装、大地の蛇を持ち、両手を挙げた姿は、9A の山岳神と同じ様式を備えており、ひいてはストゥーパの神仙思想をも持つ地母神と伺える。したがって、7C、9B のカザフも同様式で、女性の祭儀用衣装は地母神の神仙思想を持つといえよう。

オートクチュール、クリスチャン・ラクロアの 2006 年春夏の作品にフランスの最新のローブがある。下半身の階段状のフリルは、地輪・水をも象徴する。何よりも霞のごとく透ける白布で表現されるベールとは、ウエディングドレスに必需の、空気の精・大気の観念形態であり、加えて蛇にも匹敵する、大地の豊穣の証である花束を捧げ持つことこそ、一家を支える地母神として、花嫁に必需の富の証であろう。

［10B］

［10CD］

なお、フリルの誕生は「ひれ」や「しっぽ」がひらひらとさせる、とても綺麗な魚からともある。また 10D　シャマンの太鼓は馬、バチは鞭で、カザフの鞭うち疾走する馬上のフリルは、天掛ける鳥獣の仮装、浮遊力を強調するシャマニズム的鳥の尾であり、帽子にもフクロウの羽が付いている。エリアーデは、アジア北東部・シャマニズム的「天」と、西方神話的「大地」の、神話・民話的習合文化を説くが、フリルは天空の幸と大地水辺の幸の、習合的抽象形態の筆頭となる神がかり的小道具といえよう。

［10C］

［10D］

11　豊穣の証・ティアードスカート：図〔11ABCD〕

［11A］（地中海東端パレスチナ、ウガリット神話のアシュラ神）

「…象牙製小箱の蓋であるが、女神の両手に持つ稲穂の束を、左右から野生のヤギが食べようとする図である。メソポタミア原文字時代から行われていた動物を対象的に配置する、アジア的動物のモチーフがあり、その女神は山上（天空）にあるが、腰掛けている台は、エーゲ文明の砂時計（大地）の祭壇で、東西の地の文化混交の構図である。（『古代地中海美術』学研）」

［11A］

またエリアーデによると、

「…シリア・パレスチナ地帯に栄えた農耕豊饒儀礼と、遊牧民の天空神中心の宗教的イデオロギー間の緊張と共存は、ヘブライ人がカナンの地に定着すると、これまでになく強くなった。…このアシュラ神は、夫エル（パンテオンの主神、人格神でアシュラ、アナトと２人の妻を持つ）の間に70人の若神を生み、〈地中海の母神〉でもある。（エリアーデ『世界宗教史』ちくま書房）」

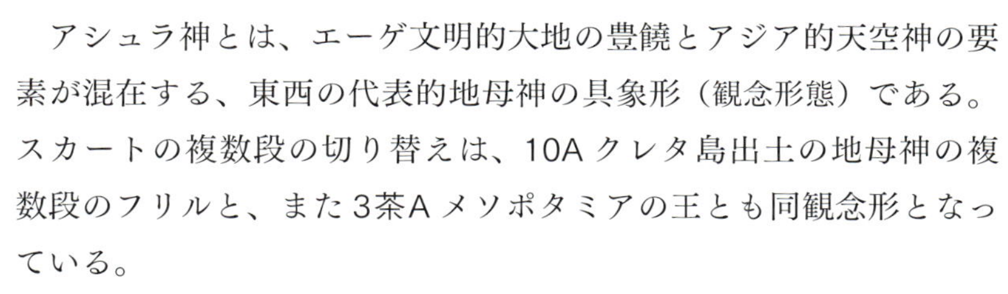

アシュラ神とは、エーゲ文明的大地の豊饒とアジア的天空神の要素が混在する、東西の代表的地母神の具象形（観念形態）である。スカートの複数段の切り替えは、10Aクレタ島出土の地母神の複数段のフリルと、また3茶Aメソポタミアの王とも同観念形となっている。

［11B］は、カザフ族の豊饒歓喜のティアードスカートである。

［11C］は、後世、西欧より中南米コスタリカへ移民した豊饒歓喜の姿で、左の娘は11Aアシュラ神と同様式のスカートで座っており、また背後には当地筆頭の華麗な民具オックスカートも、アシュラ神の両手の稲穂・豊饒に匹敵する表現になっている。

［11D］　中国の少数民族イ族のスカート。裾から黒の大地に青の水、ピンク、朱の暖色が夕映えの空のようであり、11Cと同様式をとっている。

［11B］

［11C］

［11D］

12　フリルスカートの伝播：図〔12ABCD〕

［12A］

「龍光院、国宝・伝船湧現観音像。空海入唐の際、波風を静めるために出現した観音との伝承を持つ、台蜜系（大乗仏教の北伝的密教）の画像の可能性が高い。…尾を引く飛雲の上の礼盤に立つ像、…着衣は顔と首以外すべてをおおう羯磨衣（かつまえ）とある。（図録『空海と高野山』）」

［12A］

「羯」の字は、「えびす・ヒツジであり、中国の西北に住んでいた遊牧民族の名。会意文字で羊＋曷（おとしめる）、去勢したヒツジ」とある。羯磨衣は、磨き上げた羊の革の衣のことであろうか。いずれにせよ、この衣は遊牧系の衣で、上着とアンダースカートからなる２段のフリル状で、9B カザフの婚礼衣装、11C　右女性の黒の大地と朱の夕映えの衣も、２段の切り替えで既婚者のようである。また両者とも複数段の未婚女性のフリルスカート（9B、11C左）とペアーで祭儀用下半身の様式とが伺える。

［12BCD］インド最北東端アルナチャールプラディシューは、2000 年の今日もなお小鳥と語るシャマンによる豊饒占いが行われる地である。

当地の子供 12B は 12A と同様式、12C は２段のフリル付きワンピース。12D は奈良春日大社で見た外国観光客のフリルで、これらは中央アジア随所で見られ、子供には小鳥の象徴として必定のフリルのようである。

［12B］

［12C］

［12D］

エリアーデによると、

「…悪霊がもたらした病気や死に人間が対抗できるよう、一人のシャマンを与えることに決め、神々は一羽の鷲を派遣した。鷲は一人の女と結ばれ、生んだ男子がシャマンとなった。鷲は創造神アジ（また光の創造神トジョンと同名）の子供達は精霊＝鳥で、世界樹の枝々に止まった姿で表象されている。（『世界宗教史』ちくま書房）」

とある。

辞書によるフリルとはひだ飾り、装飾的な物に加え（鳥などの）えり毛と括弧付きで、わずかに鳥の語を見るが、子供のフリルとは、12BC のごとく小鳥の観念的形態ともいえようか…。

13　石柱と地輪の伝播：図〔13ABCDE〕

[13A]

[13B]

［13A］地中海の海洋交易に栄えるパレスチナの街。中央部に建つメンヒル（長い石の意を持つ巨石記念物）、その造形は、広がる伸びやかな階段（地輪・水）の中央部に、平らに乗る小さな石は亀、その背に天に向かい石柱が立つ。エリアーデは、世界の石柱を詳しく述べており、一説には「石による〈代用〉は、死者がいつまでも永らえるように作られた身体なのであった。メンヒルに人間が飾られていることがある。」とする。

［13B］オランダ王国の首都アムステルダム（中世以来ヨーロッパ有数の貿易港）の絵画であるが、女王は胸に火輪・ブラジャー（ブローシュは黄銅製）の上に朱のショール・霞被（大気）を翔け、右足で亀を踏んでいる。また椅子の背凭れは、7A　幽界の王にも見る天空を支える支柱で、13A　石柱とも同観念形態、一国の永遠性象徴の図像と伺える。

ただ、これら13ABは、7Bライオン、象、馬、孔雀など陸棲動物の線刻されるストゥーパと対照的に水棲動物の亀が海洋文化を語る…。

[13C]

[13D]

［13CD］　ジプシーに必定の裾のフリルは、カザフのスカートと同様で地輪の意を含んでいる。13D　ドット模様で天の鳥を、フリルで地輪をと東西習合的な観念形態である。

［13E］　オーストリア、ワルツに大きく揺れるフリルのスカートは、舞踏審査の重要項目でもあり、地輪的豊かな水をも語る祭儀に必需、筆頭の宗教的小道具であることがわかる。

[13E]

14　インド舞踏、ボーダースカートの語るもの：図〔14ABCD〕

[14A]

[14B]

[14AB] この舞踏は、

> 「アーリア人の侵入以前からインド北部を支配したドラヴィダ族の演劇。やがてドラヴィダ族はシュードラ・奴隷に封じ込められ、現在インド最南端のケララ州に居住する。その劇も生身の人間生活を具体的に描写し、人間同士の関わり、とりわけ男女の心の機微を情緒的に詠い上げる。…彼等が古くから信仰したものは偏在する純粋精神や天上の神々というものではなく、ある特定の山や川に住み着き、人間に幸せを与え、あるいは災いをもたらす人間社会に身近な土地神であった」(Wikipedia)

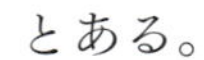

とある。

当劇も氏族兄弟が住む家、土地を切望し合うなか、[14A] の守護神（土地神）が穏やかに治める無言劇で一見理解し難い。しかし幅広い立派な繍のボーダーが、[13A] にも類する領土・地輪・民族のスペースを示す観念形態である。

なお [14B] 3神の誇大なスカート Skirt（スカートとは下半身を覆う布ぐらいの感覚のところ、土地・境界の意もあり、レースの縁がつく上着と共に)、裾3本のボーダーで、広々とした土地・境界を表し、民族闘争の苦い歴史を持つドラヴィダ族が、これほどまでに誇大スカートのボーダーで土地への執念を語る演劇には驚かされる。（また誇大スカートが必需の演出でもあった。）

[14CD] インド古代の叙事詩オリッサ州での「ラーマーヤナ」に登場する古今の守護神（風神）の比較で、14C は9つの髑髏付き羽、フリルのスカートの尾は天空のシャマン的様式のところ、14D はインド古典の守護神で、手の連写（千手）の羽が水辺から飛翔瞬時の表現になるのであろうか。

[14C]

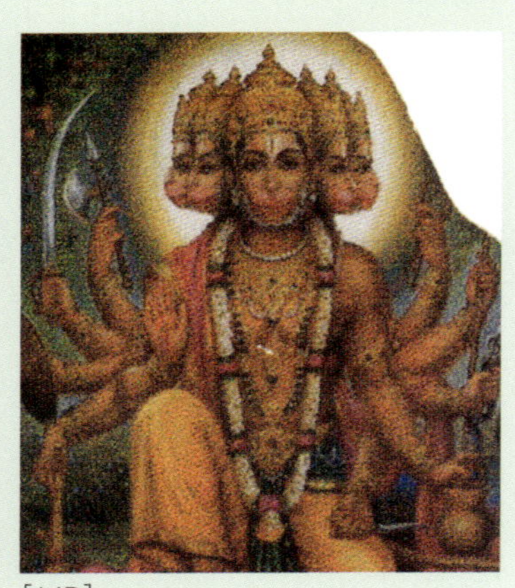

[14D]

15　水神・海上の神を語るボーダースカート：図〔15ABC〕

[15A]

［15A］　この衣は、ブルガリア北東部、黒海に面した港街ヴァルナ（インド神話の神の名）のもので、前記カタカリのスカートにも通じている。

「サンスクリット…ヴァルナ Varuna は、古代インド・イランの神話共有時代の始源神。友愛と契約の神ミトラと並ぶ最高神で、ミトラと共に太古のアスラ族、アーディティヤ神群を代表した。イランでは、宇宙の秩序と人類の理論を支配する神とされ、ゾロアスター教が成立、アフラ・マズダーとされた。これは秩序と正義の神であることから、ひいては契約の神にもなり、国同士の契約文等にもヴァルナ神の名がある。インドでは諸ヴェーダにおいて、雷神インドラ、火神アグニと共に、重要な位置に置かれ、天空神、司法神（＝契約と正義の神）・水神などの属性を持たされ、さらに後には死者を裁くヤマ神に司法神としての地位を奪われるにつれ、水との関係から、やがて水の神、海上の神の地位になった。また仏教では西方を守護する〈水天〉でもある。日本各地の〈水天宮〉はこの〈水天〉（＝ヴァルナ）を祀ったものながら、現在の各地の水天宮の祭神は天之御中主神とされている。これはヴァルナ神のもとの神格が最高神・始源神であることによる」（検索）

と、ある。

すなわち、このスカートの裾のボーダーは、7BC ストゥーパにもみる地輪、水と同観念であり、また 10A も同様フリルスカートにエプロン、挙げた両手、大気を意味するスカーフも衣装神格化の条件のようで、特に広がるボーダーは、港街ヴァルナの繁栄を祈る水神・海上の神の観念的図像になる。

［15B］は、ごく近代のノルウェーのフォークダンスの景で、赤２本、緑１本のボーダーも、［15C］デンマークバレーの、ジャンプする裾３本線は、飛翔する鳥にも見えるが、BC いずれも船の男バイキングと長いフィヨルドの海岸線を背景とする国で、水の神・海上の神の御加護祈願の伺える舞踏といえようか。

[15B]

[15C]

16　ボーダースカートの伝播：図〔16ABCD〕

[16A]

［16A］フェニキア商人が開いたとされるポルトガル・リスボンから北へ約120㎞、大西洋に面した漁業の街ナザレの漁師の女房は、［16B］裾端を鈎針編みで飾った7枚重ね（当図は3枚）のアンダースカートをはいており、毎日1枚ずつ脱ぎ、夫の帰りを待つという。

また、ナザレの聖母伝説に、

「ドン・ファス・ロピーニョという、ポルテ・デ・モスの城主がナザレの近くで狩をしていて、1頭の鹿をシティオ岬の崖の縁まで追い詰めたところ、突如、鹿が姿を消し、彼の乗った馬が崖から転落しそうになったのを聖母が救ってくれたという伝説から、聖母への感謝にメモリアル礼拝堂が建てられたとされる。」（検索）

[16B]

少々遠回しな事例だが、いずれも地母神、水神的女性の守護心を表すもので、このスカートの裾の重なりは、これまでの地輪的観念を持つ形態といえようか。

［16C］チェコスロバキアのウエディングドレスで、黒5本のボーダーラインに、膝丈の誇大スカートは、［16A］ナザレ同様の観念と読める。

［16D］フランス印象派の画家モネのアトリエ、日本庭園を模す蓮池湖畔に戯れる子女は、［12A］の波風を静めるため、出現した観音と同じ2段様式であり、無意識のままに水神的観念を継承したトリミングといえようか。

[16C]

[16D]

D　Lineの語る呪的性

17　碑文帯（エジプトの）２本線の語るもの：図〔17ABC〕

[17A]

「…天空の女神ヌト神を囲む２本のヒエログリフによれば、石棺という間接的な方法で、天の丸天上に溶け込むことを死者が切望するとある。〈おお、オシリス・ジェトホル神よ。お前の母ヌト女神は棺という名のお前に手をさしのべ、次に、石棺という名のお前を抱きしめ、墓という名のお前を持ちあげる…〉。『古代エジプト展図録』」

[17A]

エリアーデによると、

「エジプト神話、天空の神ヌト神の息子であるオシリス神とは、エジプト最初の農業神であり、植物の繁茂とあらゆる生産力を保証する世界を取り囲む太陽と比べられ、豊饒と成長の源泉を象徴していた。死後は冥界の王となり、再生と復活を司る神となる。彼は大地の全体として描かれ…、２本の文字は、大地の糧の再生と復活、すなわち永遠の豊饒を保証しよう…、(『世界宗教史』ちくま書房)」

との観念を記している。

冒頭の1A「２匹のアンテロープ」・反ロープの意も含み、この17Aと同観念に「永遠の豊穣を両手で掲げ持つ姿」を「並立する枝角」に準ずるものといえようか。

[17B]

「コプト教（コプト＝アラビア語でエジプトの意）は世界で最初にエジプトで誕生・信仰された原始キリスト教の一派で、この２本の縦線のあるチュニカは、コプト人（８～10世紀）のもので、古代エジプトでは亜麻布のところ、キリスト教の導入と並行してウールが普及。またエジプト文明の終期とも…。(『古代エジプト展図録』オランダ国立ライデン古代博物館所蔵)」

[17B]

とある。すなわち、最初のキリスト教の衣（シャツ）にも、つつがない糧の持続を願うように、17Aに読む観念形態２本のラインがシンボライズされており、また横一文字の襟明きのラインにも留意しておきたい。

[17C] 17Bと同様式をとるトルコの婦人用肌着（19世紀）で、ピンクと白の縞の２本線と、袖にも１本線がある。(『トルコ文明展図録』所載、アンカラ民族学博物館所蔵)

[17C]

18　ベツレヘムスタイル couching ２本線とヨーク：図〔18ABC〕

[18A]

パレスチナについて、

「パレスチナとは、アジアの最西端の地、また地中海南東岸の地カナンとも称し、聖書に見える物語、舞台の背景である。神がアブラハムとその子孫に与えると約束した地で、前 13 世紀頃ヘブライ人が定住、転じて楽土、理想郷（広辞苑）」

とある。すなわち当地はユダヤ教、キリスト教、ヨーロッパ思想の源流、拠点のごとき地でもある。

［18A］黒または生成り白地に縦２本線のワンピースでの演劇は、“limbou”＝天国と地獄の中間という意味があり、カナンの楽土、理想郷を象徴するようである。

[18B]

［18B］この２本線は、Branches ＝枝〈子孫・友情の象徴〉、川の支流から line の複合語。またその枝は cypress ＝イトスギで喪・追悼の意もある（Palestinian Costume Shelagh Weirsy）。各村で多少形の変化は見ても、胸のチェストパネル、袖のヨークパネルが必ずつく。

[18C]

［18C］袖に走るヨークについて。

「ＢＣ 2150 年の昔から２頭の牛のくびきに引かせた犂を操る農夫の過酷な労働で、それでも辛抱強くナイルの農民は粘土質の土地から豊かな収穫を引き出すことが出来た。古代エジプト展図録」

とあり、従来ワイシャツの背に運動量を入れるヨーク両横のタックの語源が、一対の牛馬の引く「くびき」とある。

［18D］

「なおインドのヨーガではこのくびきを束縛とみなし、農機具に繋がれた２頭の牛が畑の中を進むように、精神と身体が結合して解脱への道を進むための重要な役割も果たしている。（オドン・ヴァレ著『古代インドの神』創元社）」

[18D]

とある。このヨークにつく縦２本線は、インドのヨーガにまでも繋がる精神性をも含み持っている。すなわち一対の牛馬に繋がるくびき・ヨークの引く力こそが耕作と豊饒の源泉。この couching とは、常時豊饒の源泉にあやかれる「楽土」「理想郷」また「横たわる」と安堵の意もみる。

19　２本線・くびきの語るもの：図〔19Aイロ BCD〕

吉田敦彦氏による、「神話・民話・祭儀の様式などもエジプトで創られたものが、黒海の北ウクライナあたりから錬金術の技とともに東西に運ばれる。（吉田敦彦著『神話の話』青土社）」との語を拝借し筆者なりに日本の神仏を考えてみる。

［19A］

「八幡神は日本独自で信仰される農耕神、あるいは海の神ともされる。現在では、応仁天皇を主神として、（ハ）母親の神功皇后、比売神（神社の主宰神の妻や娘、あるいは関係の深い女神を指す）の中津姫命を併せて、八幡三神としている。」（検索）

注目は、

イ　農耕神の左肩から下がる結び目の袈裟で、18D のヨーガのくびきと同様の様式をとっている。

後世、左肩から細紐でかける、袈裟の着装様式はくびきに通じ、また袈裟の条・line の四角い区画が田んぼの所以も、18C 古代エジプトのくびきでの農耕場面から納得できようか。

また、ロ

「…女神像の首の後ろにかけた布が肩から前に出て、腋をくぐって後方に至る表現であり、天衣を表したものと考えられる。これは、明らかに弁財天・吉祥天など仏教の女性神の着衣に由来する要素とみなされ、わが国の神像の形式展開過程に、仏教の天部像（天空の神々）の果たした役割が、いかに大きかったかを物語っていよう。『神仏習合図録』奈良国立博物館より」

とあり、18AB　Bethlehem-style　couching と同観念、楽土・理想郷を語るシンボル的２本線・ヨークの伝播とも伺えよう。

［19B］大小重なる重厚な額装・モンゴル馬の鞍は、両端に長い房の付く２組の金糸の紐が下がる。

［19C］同じチベットのタンカ・額装仏画のカバーに赤の紐が２本付いている。

また、［19D］日本の床は、山野を表現し、珍布で額装の、軸上部２本線も、楽土・理想郷の象徴といえようか。

［19A イ］

［19A ロ］

［19B］

［19C］

［19D］

20　１本線と２本線の示すもの：図〔20ABCDEFG〕

17A に記すエジプト神話のオシリス神は、豊饒と成長の源泉を象徴する農業神、死後もなお冥界の王として再生と復活を司る神である。

[20A]　[20B]

［20A］

「ターカテルウ夫人（女性聖職者）の内棺の表、彼女は聖なる鬘（かつら）をつけ…鬘の上にハゲタカの装飾翼が顔の両側に伸びる。その下から体の中央に伸びる１本の碑文帯は、オシリス神に対し、死者に食料・飲物・聖水の儀を賜るようにとの祈願文である。棺の内側は母の天空神ヌトで２本のリボンが描かれる。」

［20B］シャプティ

「BC2000 年頃から死者のミイラ形の小像を副葬品として埋葬する習慣が現れ、死後も貴賎を問わずオシリス神の支配する冥界で農耕労働に参加しなければならないとされていた。この重労働の回避のため死者の身代わりで仕事に従事する代理者が考案され、中王国時代末期からその小像に呪文を記すようになった。…透けるような下着、美しいプリーツのついたエプロンには、死者に飲食物を賜るようにとの１本の碑文帯・祈願文がある。(『古代エジプト展図録』オランダ国立ライデン古代博物館所蔵」)

[20C]

すなわち下半身の１本線とは未来永劫の豊饒祈願のシンボルマークであり、ＢＣ 2000 年の昔からエジプトの棺に記され、下記前掛けのごとく、今日までもその伝承が伺えるといえよう。

［20C］ノルウェーの婚礼に集う花嫁のエプロンはこの１本線、左側２本線は、17A ヌト神的豊饒祈願で既婚者のようである。

［20D］東欧チェコの女性も１本線。

［20EF］ルーマニア、ハンガリーの女性も、20B シャプティ同様プリーツに重厚な花柄テープの２本線が付く。

［20G］ハンガリー、極新時代の同形式にも２本線が掛かっている。

[20D]

[20E]

[20F]

[20G]

21　唐衣・象と１本・２本線の語るもの：図〔21ABCD〕

[21A]

「帝という意のインドラはアーリア人の崇める神々の中の王で、戦いを司る雷と嵐の神だったようで、また２頭の馬が曳く黄金の戦車に乗って戦う。ヒンドゥー教では白い象アイラーヴァタに乗っている。(BC14 世紀のヒッタイト条文の中にも名前が確認され、小アジアやメソポタミアなどで信仰されていた神)。」

[21A]

インドラニーはその妃で 20A 内棺のヌト神と同じ２本のリボンがある。

[21B]

「ガネーシャ神はあらゆる障害を除去して成功に導く神で、智恵を司る学問の神、文化や芸術を司る技芸の神、商売繁盛と幸運の神、病苦から開放をもたらす医術の神、あらゆる事象を司る万能の神として、インドではどの神よりも先に当神が礼拝される。」(検索)

[21B]

とあり、この象の顔面の鼻が 21E 唐衣中央に垂れる紐と同様式である。

[21C] 僧侶・川口慧海（えかい）は苦難の末、チベット仏教の多くの法具を持ち帰っており、この上着は象の顔、袖は象の耳、おくみは牙、幅広い襟は象の鼻で日本の広襟の、また羽織の折襟の原点と伺える。

兼ねて渡来の袖無しポンチョに、C の象の耳袖と、鼻が折襟となり、唐衣となっているものがある。

[21D] 平安朝、法華経を国家仏教とし、女人成仏・女性の信仰も叶う時、貴族の十二単の上に羽織る最上の礼装唐衣裳装束とは、21A 渡来の大地母神・象に乗るインドラニーの観念的形態といえまいか。

またその後裳は横縞で、地輪または尾羽の観念…。18B の楽土・理想郷の２本線も付いている。

[21C]

[21D]

22　くびき・2本線の語る生活文化：図〔22ABCDE〕

[22A]

［22A］18Dに記したように、エジプト農民の、まだら牛につながる2本のロープ・くびきの力で得た豊饒の証をオシリス神に捧げる図。

[22B]

［22B］ベツレヘム・スタイルの2本線の象徴する楽土・理想郷図が、ロシアの子ども服（ウールのブラウス）にも見出され、象徴の北上していることが伺える。

[22C]

［22C］極北雪国フィンランドのクリスマス。幸満載のソリ、2本の手綱で引かれるトナカイの図も、くびき的な観念といえようか。

[22D]

［22D］仏教の袈裟。平ぐけの紐、条で区切られる方形は田んぼを（五・七・九条袈裟など）象徴する（背負う）もの。またインドの僧侶は、18Dくびきのごとく袈裟1枚で生活したが、

「北へ行くほど下衣を付け、これが法衣のはじまりで、法衣を着ることが通常の地域では、袈裟が象徴的なものになり、形もいろいろなものが登場した。」

とある。

導師の掛ける折五条は食事、厠時は外すが、この時こそ束縛からの解放の意といえようか。また畳一畳ぐらいにも広がり、非常時遺体被いにも使うことがある。

［22E］農耕中心の国ブータンのツェチュー祭（収穫祭）で、

「女性はラチュー・長い織り紐を襷がけにかけるが、赤ん坊や荷の背負い紐にも使う。一般男性は白いカムニをさまざまに掛けるが、幅90cm 長さ4.5mにも広がり、荷を背負うのにも使われ、昔は野生絹のカムニが太刀を受け止める役にもなっている。（西岡京治・里子共著『神秘の王国』学研）」

とあり、仏教王国ブータンは紀元2千年の今日も、男性は荷運びをし、また袈裟のごときカムニも付く民族衣装を着ることが法的義務でもある。

ちなみにキリスト教の聖職者の法衣ストールも、袈裟と同観念形態といえようか。

[22E]

E　額装、前裳の語るもの

23　女神・巫女・地母神の概念：図〔23ABC〕

［23A］

「海の泡から生まれた裸形の女神が風の神に吹き寄せられて、ニンフが衣を広げて待つ陸地に降り立とうとしている。彼女は人々の凝視に耐えかねているのか、眼は力なく潤みを帯びて許しを請うように、唇はかすかにおののき、あわてて胸にあてた右手の指は震えている。そして両膝を内気に引き締めながら、足先の動きは一刻も早くホーラーの待つ岸辺に降り立とうとしている。」（体系世界の美術『ルネッサンス』学研）

［23A］

イタリアのボッティチェリの描く15世紀前半のヴィーナス誕生図で、古代ギリシャのヴィーナスがその発端である。

［23B］エーゲ海クレタ島出土の蛇を掲げる女神も、先記10Aフリルスカートで地輪・水辺の抽象形態を記すもので、スカートの明きを被うような丸型エプロンにも留意しておきたい。また23Aヴィーナス共ども海に誕生の女神は、海と星を支配する水神・運命の女神でもある。

［23C］は地中海東北端の小島キプロス出土の“腕を挙げた神の姿”とあり、23B下半身のフリルがこの塑像の裾にも線描され、BとCの2体は同様式の地中海・エーゲ海文明の巫女像である。下記のごとく女神は各地で変名、ペルシャのアナヒーターは観音菩薩の誕生にも影響を与えるともあり…、何よりも子孫繁栄の源泉的女性は多産、子育ての象徴で、地母神と同様式の衣装で嫁ぐ。

［23B］

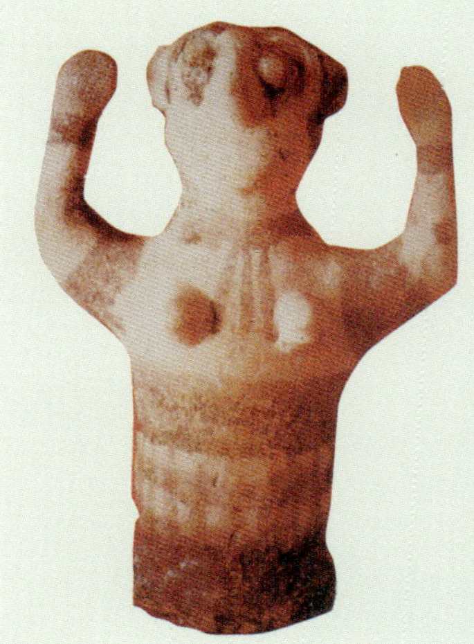

［23C］

女神名	地名	女神の性格
アナヒーター	ペルシャ・イラン	海と星を支配する水神・運命の女神
アフロディーテ	ギリシャ	東方起源的性格、豊饒の植物神、美の女神、生殖と豊饒すなわち春の女神、航海の安全を司る。ギリシャでは「神聖奴隷・神婦・神殿娼婦」の名もある
イシュタル（イナンナ）	シュメール	
アスタルテ	フェニキア	

24　赤い前掛けの語るもの：図〔24ABCDEF〕

[24A]

[24B]

[24C]

［24A］元モンゴル系のタタール族が築くブルガリア。その西側地域の結婚風景。婚家が花嫁を迎える様子で、兄弟に付き添われた花嫁は厚い織りの赤、迎える女性は横縞の前掛けである。

［24B］ギリシャ Arachova 地方の花嫁も、赤に金糸繍の前掛けを掛ける。

［24C］地母神の原点はギリシャのヴィーナスのようでもあるが、モンゴルではターラー神である。ターラー神とは、

> 「インドの神話、宗教における女神、密教の多羅菩薩、またギリシャ神話カリスト・雌クマの象徴とされる北斗七星にもかかわり、太地母神の変形、また母性こそが万物を生み出す力の源泉と、アイヌ神話の熊とも結びつくとある。また 23A ヴィーナス誕生でのホタテ貝はクティスというギリシャ語で、女性器の意味もあった。」（検索）

とあり、東西の中継的存在とも思える地母神で、その赤い前垂れこそが万物を生み出す力の源泉、地母神の「のれん」のごとき存在ともいえようか。また脚部に赤黄青３原色の脚絆を見る。

[24D]

［24D］チベット族の横縞模様の前掛け。豊饒の楽土の象徴と同観念が読める。

[24E]

［24E］格間座に上畳を敷いて座る高僧の様式は、日蓮聖人像にも通じ、豊饒の象徴である畳縁の上に太陽の象徴・赤い衣をまとって座る。

美人を描いた日本の浮世絵にも赤い前垂れが見える。

[24F]

［24F］密教系の祭壇で、奥の角座布団は田んぼを、24E 格間座と同じ、赤い座と七色の日の光を、手前は蓮の花に水滴・水玉・鈴がころがるごとき、総じて安寧の楽土の図といえよう。

25　額装の語る呪的概念：図〔25ABC〕

［25A］チベットのタンカ。

「タンカとはチベット仏教で用いられる軸装仏画の総称である。インドの布絵仏画〈パタ〉は、ネパールあるいはシルクロード経由でチベットに伝えられたものと考えられる。またタンカの〈タン〉は平坦な土地、広場を表す名詞で、〈汚れがない〉という意の形容詞でもある。かつて高僧が着用していた衣をキャンバスにしたとか、この布を愛用していた故人を追善するためといった特殊な理由が考えられる。」（田中公明『タンカの世界』山川出版社）

［25A］

仏画は家庭用で、17C で記す理想郷の象徴2本線の下の絹カバーをめくると、先記同様白ターラー神が現われ、この母神にも縁取りの小さな前掛けが付いている。

［25B］糸杉の山を背景に平坦な地に整然と方形に縁取られるルーマニアの修道院である。

「修道士のルーツは、キリスト教迫害時代のエジプトや中近東の隠者たちといわれ、中世ヨーロッパでは外部との交流を制限して修道院に住み、修業生活を営む修道士がたくさん活動していた。しかし修道士は世捨て人ではなく、地域や国の精神的な支えであった他、写本の作成や学問活動、教会の建築、葡萄酒や羊毛などの諸産業、さまざまな点で社会に貢献していた。」（杉崎泰一郎著『ヨーロッパ中世の修道院文化』NHK 出版）

［25B］

特にトラキア（現ブルガリア）は初の金細工の発掘を見る世界最古の文明の地で、そのすぐ隣国にある修道院も、中世文化の基礎が築かれる源泉のごとき神聖な空間・タンカ的汚れのない平坦な地・スクエアである。

［25C］インド神話

「クリシュナ神に夢中になった牛飼いの娘ラーダーが、木こりの斧を池に投げ込んで、木を切り倒すのをやめさせた場面。いつもラーダーはその木の下がデートの場であり、クリシュナは彼女の家の絨毯上でくつろいでいる。」（『インド宮廷文化の華』ヴィクトリア＆アルバート美術館展図録）

また「インド神話に登場する英雄クリシュナは、ヒンドゥーにおけるビシュンヌ神の第8の化身アヴァターラーで、その教義は「善を護るため、悪を滅ぼすため、正義を確立するため、私は時代から時代へ出現する」（『バガヴァッド・ギーター』4章8節）

［25C］

とある。すなわち、カーマスートラ（古代インドの性愛論書）が、赤い額装内の絵や唐草紋縁の絨毯にも潜むといえまいか。

26　額装前掛けの語るもの：図〔26ABイロハ〕

［26A］前掛けとは汚れを防ぐものという機能本意の観念を一変、東欧ブルガリアで手にして初めて、重厚・壮麗な祭儀用前掛けの存在に驚嘆した。ジプシーから買い求めた逸品である。遊牧生活用に6.5cm幅もの太いビロード地（天鵞絨、鳥の毛肌のような遊牧民最高貴の布）の額装で大地を表現。２列に200個位並ぶスパンコールは、古来持参金のようといわれた。30cmの短い毛糸の紐は帯に引っ掛けるだけの物で、毛糸のクロスステッチはロシア正教のシンボル的バラを遊牧生活特有の材と繍の技で重厚に、麻地〈遊牧生活にない南の植物材）に刺され、さらに裏全体を麻地で被う。このように実に常識的エプロンの機能性など微塵もない、100％装飾的・標章的な前掛けである。またブルガリアはシベリアに源郷を見るタタール族の遊牧文化が基層に伺え、特に25Aタンカの額装にも似た縫製で、２本線とカバーをめくると現れるターラー神の前掛けに読む、子孫繁栄の源泉・嫁ぐ地母神（花嫁）の聖なる空間を被う「のれん」、呪的標章性に満ちたステイタスシンボルといえようか。

［26A］

［26Bイロハ］イ

「韓国王の大礼服 Gujangbok で、王家の男女・文武百官の礼装には額装前掛けが付く。この装束の意は、ドラゴン Dragon for majesty and supernatural power　すなわち（古来東洋一円の龍に当たる西洋の神）が翼と爪とを持ち、口から火を吐く想像上の動物、爬虫類の形で表わされ、一般に暴力・悪の象徴とされるが、泉・宝物・女性を守護するとの伝説もある。」（広辞苑、Sunny Yang HANBOK）

との神仙思想を含み持つ。ロ　前垂れの図案。藻（水草）・粉米（分け合う）・斧形（斧と鉞〈まさかり〉）、亜字紋（ささえ）である。ハ　女帝の前掛けにも 額装が見える。王家は一国の五穀豊饒を、花嫁は一家の楽園を、いずれも持続祈願を象徴しているといえよう。

［26B イ］

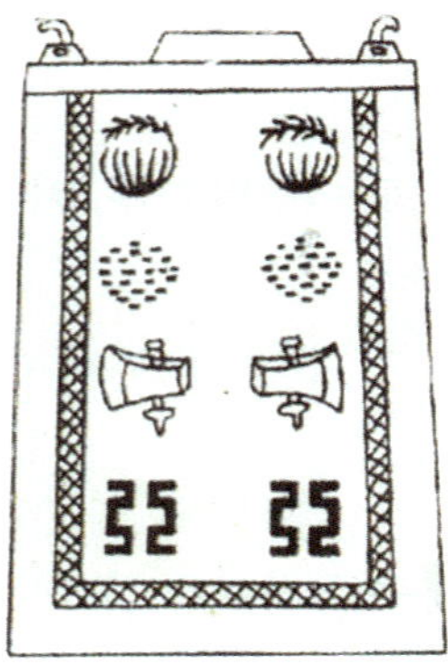
［26B ロ］

［26B ハ］

27　角丸額装前掛けの語るもの：図〔27ABCDイロE〕

［27A］25A モンゴル・タンカ額縁内の女神ターラー神には、紺地に朱花びら状の額装前掛けが付いている。

［27B］ギリシャ東南端エーゲ海に面したエビア島、その北端 Agianna 村の花嫁のエプロンで、A と同じ様式をとっている。

> この地は Plant が「牧畜よりも植物栽培が主で、近隣村にも分配。」
> (ANGELIKI HATZIMIGHALI The Greek Costume)

とあり、ピンク地の周辺は草木の連鎖模様が金糸でシンボライズされている。

［27C］B より北西に位置し、アドリア海に面したクロアチア、南北に長い海岸中央部の交易港 ZADAR-ARBANASI 村のエプロンの黒茶の暗色にも、A・B と同形態・同様式が伺える。

また当地はアドリア海の西向うにイタリアと、さらに地中海にもつながり、古来西の地中海文明と東の小アジア文明との接点のごとき地ともいえ、その文化にも多種多様な伝播の跡が伺える。

［27Dイロ］　赤道を横切り、アフリカの東側中央部・紅海に面するエチオピアのカンデ村・ブメ族女性の衣は、前垂れと後裳（後述）で成立している。ロはその拡大図。三角状の裏革に鉄ビーズの立派な額装は、非常に C と似通う。しかし小型で B・C のような標章性はうすく、既婚女性の貞操帯的機能性も含むように伺える。

［27E］日本の北海道網走で、初めて見た額装の貞操帯である。B のような繍もあり、大小異なるにしても、額装前掛けとはターラー神に見る母性こそが万物を生み出す力の源泉のカバー、女性の呪的シンボルともいえようか。

［27A］

［27B］　［27C］

［27D イ］

［27D ロ］

［27E］

28　ポケット付きエプロンの成立：図〔28ABCDE〕

エプロンとは、辞書によると、

> 「英語の Apron とは前掛け、フランス語では Tablier エプロン・前掛けの他に橋床、店のシャッターなどの意もある。また独語では Schurze エプロン・前掛けの他に、腰巻・さるまたの意も持っている。語源はラテン語の Mappa（ナプキン）から仏古語のナプキン Napkin（布）となり、古代英語でナプロン、そしてエプロンとなった。」（石山彰編『服飾事典』）

とあり、[28A] 東アフリカ（元ポルトガルの植民地領）、東の離島マダガスカル（元フランス植民地領）漁民の猿股（引っ張るの意）は、今日機能的なポケット付きが常識と思われるエプロンの原型のような巻き方になろうかと注視している。

[28B] 今日ポルトガルで市販されているもので、エプロン型の裏表２枚の袋仕立ての全体がポケットになっている。

[28C] フランス最西端の海岸線に囲まれた国、イギリス文化とも交差交流が深いブルターニュで市販されるもの、花びら型に変わるがＢと同様式で、表に切られたポケット口から一つの袋への出し入れとなる。

[28D] 南米コスタリカの市場、魚屋の女房のエプロンは、表は細かいプリーツの袋状、周囲は尾ひれのごとき「精気の象徴」フリルがひらめく。Ｂ・Ｃ・Ｄいずれも海にかかわる労務の機能性重視の様式といえる。

[28E] 上記と同型ながら機能的ポケットはなく、レースの縁飾り、ゴージャスなサテンステッチのバラのカットワーク（カロッチャ刺繍）と、東欧ハンガリーには装飾性100％の祭儀用エプロンがある。

[28A]

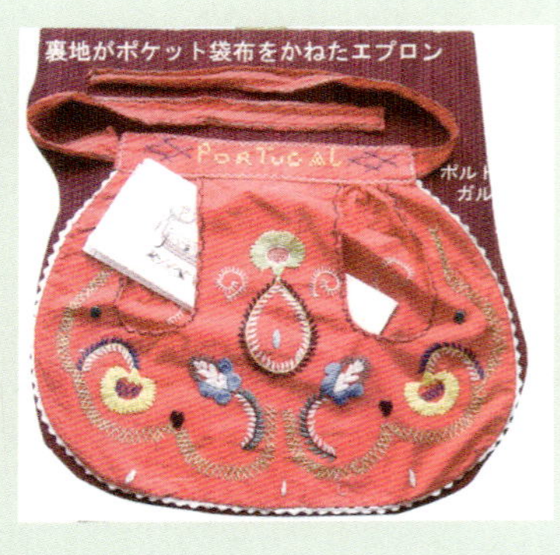

[28B]

[28C]

[28D]

[28E]

29　護身の帯・刀・厚織り前掛け：図〔29ABCイロD〕

［29A］26A に見る壮麗な額装の前掛けと同様に、この前掛けもブルガリア南西端ギリシャと隣接するサンダンスキー地方の正装になる。それらは裾に房飾り、厚地織り横縞模様の刺し、腰の重厚な Clasps・留め具が特徴で、真ん中に鳥の嘴、羽を広げた鷲を表した短刀入れがある。（小型は 27B にも見える）

［29B］ブルガリアから西隣りアドリア海に面したクロアチアの Vrlika 地方も、前掛けは 29A と同様でも、留め具はなく帯が巻かれている。

［29Cイロ］イ　ブルガリア南の隣国ギリシャの南東端、海に面したアトランディ地方の前掛けは、

> 「ヨーロッパ周辺国と同様式の厚織り手刺しで、腰の膨らみは短刀入れである。ロ　胸当て・Diekey、ジレーと腰部までぎっしりとコインが帯状につく。」(The Greek Folk Costume)

［29D］ギリシャ北端 Florina 地方の物で、A・C のように留め具はなく、紐で繋がれたコインが付く。

キリスト教では罪と悪の象徴のドラゴン（ハッサーク龍王・ホータン・東ソグド　7～8世紀〈提供・津田聖子〉）も泉・宝物・女性を守護する伝説を持ち、唯一身につけるベルトは、武具・正義の象徴、またバックルは保護・自己防御の象徴である。A のサンダンスキー、C のアトランディなど、剣闘士奴隷、女奴隷の歴史を持つ古代東欧南部の村々では、女性の下半身の装いには常に自己防衛の姿勢が備わっていたようである。

> 「古代ローマ帝国の圧制下、円形競技場で動物と戦わされる剣闘士奴隷（最下位の奴隷扱い）開放に奮闘したスパルタクスはサンダンスキーが故郷で、長閑な牧畜生活の中、誠実な村人の営みがあった。」（検索）

［29A］

［29B］

［29C イ］

［29C ロ］

［29D］

30　男性の帯と刀について：図〔30ABCイロD〕

[30A] クレタ島については、

「クレタ島は、南方のエジプトや東方のシリアに比較的近かったことから、エジプト文明やメソポタミア文明の影響を受けて文明化が進んだ。ＢＣ 2600 年頃に青銅器時代が始まり、麦やオリーブなどの農業が行われ、羊や山羊などの牧畜が行われた。また海上貿易が発達し、小アジア南部やシリア方面との交易が行われ、現在のところ世界最古の通商航海民とみなされている。」（検索）

とあり、このクレタ男性の装いは、特に勇士の装い（the tailor of the brave）として、海上交易従事者の誇りである。その特徴は 8m もの帯をぐるぐる巻きにし、右脇にサッシュを垂らし、斜めに刺した刀にある。

[30B] はアドリア海で繋がる交易都市クロアチア、A　クレタとも同様式の帯と刀でありながら、B　ウールの Trousers・ズボンは北からの遊牧系文化、A　クレタの Baggy trousers・ゆるやかな巻き衣様式のズボンは、インド洋からの海洋文化を示すようである。

[30C] ブルガリア男性のイは工芸的な仕事着。ぐるぐる巻きのウールの帯で、ロは牧童で帯の中央部を細紐で締め、刀も付けている。ハの農民もロと同様式、無刀である。半農半牧文化のブルガリア周縁国の衣装には男女共に、実に日本とも同様式の帯がぐるぐると巻かれ、帯締めのごとき細紐もある。特に海洋交易従事者には日本の武士とも同様式の護身用刀が差されている。

[30D] この帯は、エーゲ海から遥か隔てた極東の日本、渡来文化の入口でもある博多のもの。その博多帯の中央部の模様は、僧侶の護身刀に匹敵する独鈷の図案で、特に 29A 女性の護身用金属ベルトと同観念が伺え、詳細な伝播の過程究明も課題として浮上する。

[30A]

[30B]

[30C イ]

[30C ロ]

[30D]

31　前掛け＝帯＋垂れ布＋注連縄（しめなわ）について：図〔31ABイロC〕

［31A］帯の会意文字によると、紐で物を通した姿＋布（垂れ布）、長い布帯でもっていろいろな物を腰につけることを表す。また長く横に引く、蛇（長い蛇）移（横に伸ばす）など同系、とある。日本相撲力士の化粧回しは、正しく長い紐・蛇に力士の体が通り、腰に重厚な化粧布が垂れている。

［31B］イ　中国長江流域・貴州省の少数民族ミャオ族のエプロンも、垂れ布の上に帯が付き、横には縒（よ）り紐（ひも）が引かれている。ロは同じミャオ族のJiuging式祭儀用で垂れ布に太い帯が左右に引かれる。故に祭儀用前掛けには、神の使いともされる蛇を象徴する帯が付き物といえよう。

相撲力士・横綱は、Aの化粧回しの帯の上に縄状の注連縄が付く。辞書には

> 「（シメは占めるの意）神前または神事の場に不浄なものの進入を禁ずる印として張る縄とある。」（広辞苑）

その縄の解字によると、「糸＋トカゲで、トカゲのような長い縄、よじれるようにあちこち飛び交う蝿、藤等も単語家族」とある。この縄に紙垂（かみしで）

> 「天から神が降臨することの象徴、また神域と外界を隔てる〔結界〕、それによって注連縄には神の占有標識としての力が発揮されるわけである」

とある。すなわち勝負に勝ち抜いた横綱には、一国の守護役を担う力・神のご加護・降臨が、紙垂のつく縄の造形で象徴されていることになる。また稲藁で綯られる縄は、蛇・トカゲなど、湿潤地特有の爬虫類を神格化した造形物ともいえる。

［31C］Bと同じミャオ族の新民式とある女子盛装で、またその他『中国苗族服飾図志』（貴州人民出版社）に記される173種もの衣装様式中の幾つかにも、注連縄が付いている。

［31A］

［31Bイ］

［31Bロ］

［31C］

32　祭儀用前掛けと注連縄：図〔32ABC〕

左図は、カルムク人（南下した遊牧民）の描いた世界の創造図で、最下は水辺、中央亀から伸びた背を蛇・帯が一巻きし、左右に陸棲動物が相侯って引く力、これこそが紙垂の揺れと同観念と見、その蛇から抜け上る女神は、前項の横綱が付ける注連縄・蛇から抜け出る人体と同観念と思われる。すなわち、現世の最強力者の神格化・女神と同観念的形態といえよう。裾の房は水辺を象徴する観念形態で、多くの前掛けに見ることができる。

図 32

［32A］中国少数民族トン族は、貴州省東南、湖南省西南及び広西チワン族自治区北部に居住するが、祖先は百越の一支族といわれており、元は中国の東南沿海地から移住して来たとされ、神道に近い山川石木など、あらゆるものに神が住むアニミズム的宗教観を持つと考えられている。

［32A］

その祭儀用前掛けの意匠にも中央が水、周囲は動植物棲息の大地、紐が蛇になっており、女神同様、花簪（はなかんざし）が付いている。

チベット・コンボ女性の正装は、中央黒色の五角は亀形、茶色の部分は乾燥植物の大地の象徴である。

［32B］　ミャオ族朗洞式の女子正装も帯下のジグザグ線が紙垂、以下は草木緑乾燥の大地を示す。D　ミャオ族桃江式も、帯下に簾（すだれ）状小棒が付く方形銀飾り板の揺れが紙垂、さらにその下の三角鱗状は豊饒の象徴のようである。

［32C］はるかアフリカ西南・ペニン湾に面したペニン王国のオバ・国王にも、サンゴ製ビーズ衣装にミャオ族のものにも似た、揺れる四角い象牙製飾り板が付いている。

［32B］

［32C］

33　雛菊模様の前掛けと豊かな大地：図〔33ABCD〕

［33A］東欧ハンガリーでは、男性博士学位授与式の礼装に重厚な刺繍の前掛けを着装する。女性許婚者の正装にもDaisy・雛菊模様の前掛けが付く。また29Dも同様、裾の房飾り・水も必定の様式である。

［33A］

辞書によると

「デイジーは西ヨーロッパ原産で広く自生し、古くはエジプト王朝から装飾に使われた。イタリアの国花でもあるディジーは“days’eye” 太陽の目が語源で、日を受けると花が開き、曇りの日や夜は閉じる。花弁の数が多く、よく恋占いに使われたことから、イギリスでは愛の物差し measure of love と呼ばれることもあったらしい。別名を雛菊、延命菊、長命菊と呼ばれ、明治時代に渡来した（検索）」

とある。

［33B］東欧チェコの晴れ着用前掛けも垂直線を中心に左右対称に縦に雛菊が刺され、裾は古来の房がレースに、紐には規制の織り紐と現代流通の産業が伺える。

［33C］チェコの黒サテン地に共布の縁取りのある前掛けである。古来遊牧民の最高貴の織りと貴重視されるビロードは、「天鵞絨」と漢字で表されるように、天の鵞の絨、鳥の王・鵞の毛肌に似た感触・観念の織りで、空飛ぶカーペットとも表現される。同様にサテン織りも、すべすべとした鳥の胸毛の艶やかな心地よさをアレンジする現代的織りである。したがって、両者共に天地の心地よい象徴的織りであり、太陽崇拝の象徴・雛菊と相俟って心地よい豊かな大地の観念的デザインといえる。

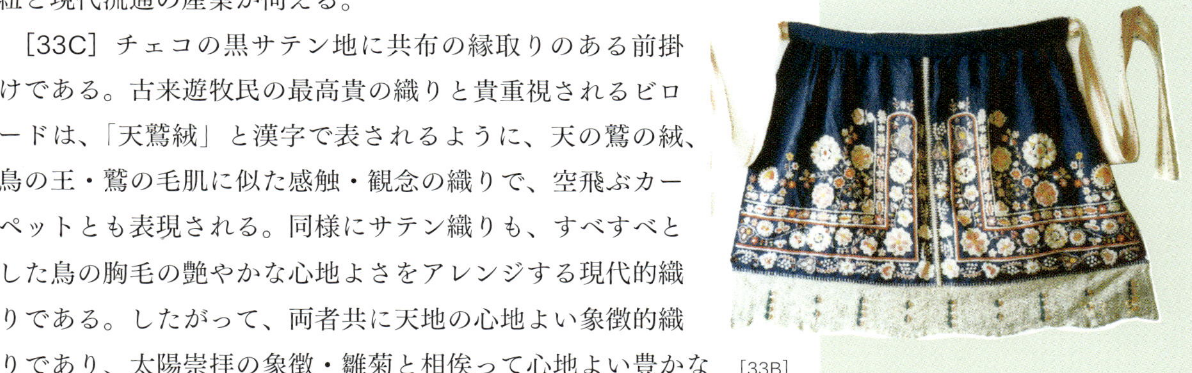

［33B］

［33D］ABCの西洋的表現にくらべて、中国南東端貴州省・神道・トン族の図像は、一見コインと見紛うが太陽崇拝の象徴雛菊のようで、照り輝く豊かな大地のようである。

［33D］

［33C］

34　地母神の証・エプロン姿：図〔34ABC〕

［34A］

エリアーデは、「創造者たる天空神」を以下のように記している。「自然は人間と畑に多産を与えることで、文化を支える母なのである。大地を大抵の場合、女性的なものと考える。大地の両義的な性格は宗教的諸観念においても、また農業との関係のもとに表れる。」（ミルチア・エリアーデ『世界宗教史８』ちくま学芸文庫）

［34A］東欧チェコの祭儀用エプロン。額装の白フリルは水辺を示し、また33太陽の象徴・多弁の花・雛菊が黒い大地に咲く図像である。

［34B］京都泉涌寺・即成院の地蔵の前掛けも、これと同様に白フリルの水辺、また万物を生み出す源泉的赤前掛けには雛菊が、さらに大地にも１本白菊が刺され、正しく「人間と畑に多産を与える」べく置かれた具象の形態としての地蔵であろう。これらは同観念で、女性の前掛けこそ、地母神の証といえようか。

［34B］

九州国東（くにさき）半島は、関門海峡の向こうに、最短の外国朝鮮半島、続いて中国、シルクロードへ。そしてイスラム、ユーラシア大陸文化にも通じ、そこからの文化がいち早い到達を見る地という。国東十三番札所・双子寺、特に子授け祈願所の地蔵には、白いフリルの水辺が付いていた。花鳥羊戯れる大地の前掛けであり、その標識に地母神的解説が伺える。

［34C］東欧ハンガリー、近代のカロッチャ刺繍（サテンステッチの雛菊を残したカットレース地）のあるエプロンもBC同形態、同様式である。

［34C］

35　前裳のフリンジ＝地母神の触覚：図〔35ABイロ〕

[35A]

[35A] これほど多様なアクセサリーズは、すべての財と共に移動する遊牧生活の知恵と理解するものの、男性の「よそ行きのエプロンがわからない」との問いに、この婦女子祭儀衣装・前裳の必然性を考えさせられる。まず、金属ベルトと、アジアの帯は、同観念で刀・魂をも秘める護身用、中央と両サイドの三角スカーフ、子どもの赤い房、下部褐色の大地の水を象徴する房、いずれも31C注連縄、紙垂と同観念で、その揺れこそ風水火・大気を感知する触覚のごときもの。子を生む地母神として、安穏（牧草）の大地を備え持つための呪的祈願・標章が前裳の図像といえようか。

[35B イ]

[35Bイロ] 中国南西部の山岳少数民族苗族は、水田稲作に糧を得る民であるが、収穫祈願の祭事を含め、常時前掛けは必定である。

苗族のうち長角苗族の、両腰のフリンジ付き三角布は、Aのスカーフと同観念形態。黒の中央半円形は大地を表わし、その上フェルト地での表現に元遊牧系南下の歴史が読み取れる。加えて右腕の竹笛は、6Cアルタイに見るソアールであり、左腕には笙の笛（わが国においては奈良時代に中国から伝来した雅楽・管楽器の一つ）を持っている。

ロ　ポケットのような両腰の三角布は、スカーフの固定化と読め、さらに綿地藍染めの材・植物模様の縁取りに、イとは異なる水田稲作文化を持つミャオ族の姿が読み取れる。

かつて森林草原を背景の遊牧生活者ブルガリア人も、また照葉樹林帯に南下、水田稲作の定住生活者も、その祭儀用前掛けのアクセサリーズ（宗教的小道具）の趣旨は、地母神へ神格化の標章であり、これがよそ行きの前掛けともいえようか。

[35B ロ]

36　大地の区画・額装（額縁縫い）：図〔36ABCD〕

[36A]

［36AB］中国・長江流域雲貴高原の、水田稲作苗族の起源について検索する。

「4000年前に起きた寒冷化で、漢民族のルーツにつながる北方の民が南下した。彼等は畑作牧畜を生業とし、自然を切り開く〈力と闘争の文明〉の民であった。彼らはその武力で、長江文明の民を雲南省や貴州省の山岳地帯に追いやった。これが今日の苗（ミャオ）族などの少数民族である。別の一派はボートピープルとなって、一部は台湾の原住民となり、別の一派は日本に漂着して、稲作農耕の弥生時代をもたらし、大和朝廷を開いた。…約6500年前とも思われる世界最古の水田が発見され、農作の儀礼祭壇と見なされる楕円形の土壇も見つかった。…畑作農耕に比して稲作農耕は、水のコントロール、共同体助け合いの必然性、自ずと豊穣を祈る祭祀の場、執行のリーダーの出現等…」に伴い、穏やかな自治体としての営みがあり、今日なおAのような雲貴高原の険しい斜面に広がる見事な棚田に、少数民族苦難の歴史が偲ばれる。

[36B]

35B祭儀用前掛けにくらべて、この3枚重ねは、上の黄白色は畠（白＋田で水をはらない耕地）、中の青は水田、下の赤も畑（水をはらないで野菜や穀物を作る耕地）と、額装前掛けが大地の有様を語っている。

［36C］京都龍安寺の伝法衣（でんぽうえ）は法脈相承の証として、師から弟子に伝わる袈裟である。

「田相は毘沙門亀甲を織り出した銀襴、縹（はなだ）地に卍を収めた二重菱を敷き詰め、菩提樹とされる花唐草を配した銀襴の堤（縁取り）…。」（妙心寺図録）

[36C]

その袈裟の模様は、長寿の証・亀甲の地紋の上に、池沼・河川、泥中に根を張る水草を二重菱で、また堤・畔の地固めにもなる花唐草、あるいは菩提樹の陰が安住の場、その幹をも意味する。実に導師は大地・田を背負い、糧の豊穣・安泰を祈願する観念的図像となっている。

［36D］　李朝の軍人のコートにも同観念の重なる額装が伺える。

[36D]

F　衣装の語る鳥

[37A]

[37B]

37　ミャオ族のシンボル太陽と鳥：図〔37ABC〕

［37A］楚国建国の民・ミャオ族の葬送は、いまなお担ぐ棺の天秤の上に生きた鶏をのせ、埋葬場に向かう。また、雲貴高原の南端、タイ国に近いモン族の子供の葬送は、ミャオ族の民族衣装で覆われ、鶏に包まれた姿で埋葬される。

［37B］また、トン族は、藁作りの鴻（最も大きい鴈）の門飾りが墓に立つ竿先にも付いている。

［楚国建国の民となる三苗とその宗教的概念］エリアーデによると、

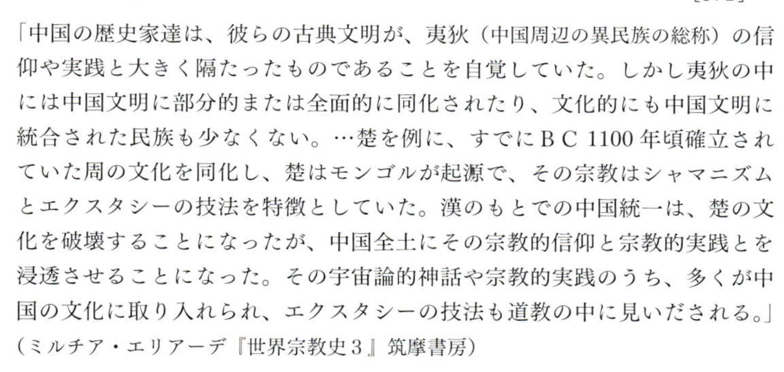

「中国の歴史家達は、彼らの古典文明が、夷狄（中国周辺の異民族の総称）の信仰や実践と大きく隔たったものであることを自覚していた。しかし夷狄の中には中国文明に部分的または全面的に同化されたり、文化的にも中国文明に統合された民族も少なくない。…楚を例に、すでにＢＣ 1100 年頃確立されていた周の文化を同化し、楚はモンゴルが起源で、その宗教はシャマニズムとエクスタシーの技法を特徴としていた。漢のもとでの中国統一は、楚の文化を破壊することになったが、中国全土にその宗教的信仰と宗教的実践とを浸透させることになった。その宇宙論的神話や宗教的実践のうち、多くが中国の文化に取り入れられ、エクスタシーの技法も道教の中に見いだされる。」（ミルチア・エリアーデ『世界宗教史３』筑摩書房）

楚の民は漢に滅ぼされ行く時、四面楚歌（周辺から自ずと歌われ出した楚国の歌）と共に百越の民とも呼ばれ、山また山を南西に移動した。しかし温暖多湿の長江流域で、

「イネという多年性の沼沢植物に着目、水田稲作という穀物作りと共に発展した。道教のもと…種まき、苗床作り、田植え、刈り取りと季節の移ろいに合わせての農作業に、太陽の運行は時を計る基準であり、稲を育てる恵みの母であり、その聖なる太陽と永遠の再生と環境の手助けをするものこそ鳥となり、太陽信仰と鳥信仰は日本民話でも見られると…。」（池橋宏『稲作渡来民』講談社選書メチェ）

［37C］今日中国山岳少数民族の住む雲貴高原、長閑な村々の水路には鸂（けい）（オシドリに似た水鳥）も戯れている。

[37C]

[38A イ]

[38A ロ]

38　ミャオ族　鶏表現の衣装：図〔38Aイロ B〕

［38A イロ］イ　この衣装が鶏アレンジの様式といえ、前掲の子供葬送時の被せ方となる。打ち合わせ端のジグザグ状は鶏冠のようであり、ロ　別に宇宙の象徴のごとき図案の刺された、大小方形厚手綿布が胸・襟に１枚ずつ、両袖に３枚ずつ貼られる。特にこの綿密なクロスステッチの刺しは、鳥が飛ぶために怠らぬ羽毛１本１本の羽繕いの労と同観念具象の形態と読める。ゆえにイの袖は風切羽の抽象形態、またその両脇に下がる赤い房は図脇の羽毛神聖視の象徴として、衣の脇下デザイン注目も浮上する。

次いで綿藍染に白蝋纈模様のアコーディオンプリーツは、鶏の尾羽（39Bハ参照）のアレンジで、その特徴的技法は、裾端に常識以上の厚地白綿布で２cm 幅のパイピングが施され、しっかりした尾羽の張りを作り出し、その上の帯状の線は綿密なクロスステッチの上に、さらに小さい四角いアップリケを施し、扇のごとく広がる尾羽を作り出している。

［38B］子供祭事の衣装の背面で、頭の赤い毛糸２個のぼんぼりも鶏冠のよう…。また金属の背飾りは、前記のように、つばさと解釈出来る。なおヒップの箒のごとき房飾りも、邪気を払う御幣に類するようで、このデザインだけでも考察の余地が大きい神がかり的小道具のようである。しかしこれら衣のデザイン中の鳥は、土俗信仰シャマニズムのシンボル・鷲ミミズクに原点を見つつ、後に北方より南下、江南・楚国を征服、少数民族ミャオ族などを南西部の雲貴山岳地に追いやった漢民族、そこに生ずる道教、儒教、仏教、また西のロシア正教へも浸透した様子で、さらに呪的鳥衣装とその意匠の考察を深めていこう。

[38B]

39　鳥衣装伝播の要因：図〔39ABイロハ〕

［39A］この衣装は38Aと同様式の巫女のものである。ミャオ族は頭装で身分を語り、男性以外男女ほぼ同様式で、羽毛はクロスステッチで表現している。

［39Bイロハ］イ　Aのミャオ族の衣装にくらべて、モン族の袖・風切羽はパッチワークでアースカラーの細幅布、背の翼も三角・菱形の小布の並ぶ上に、大気の風を切るごとくに黄緑紫白の綿縒紐2本と白艶数珠玉の紐3本計13本1束で3段、計9本下がる。両者の技法に多少変化はあるが、シャマンの呪衣の背面は、鷲ミミズクの飛翔力を表現する。

ロ　襟刳りが垂領から、丸首朱のパイピングのある前明きで、南方の盤領に変わっている。

ハ　38Aのミャオ族と同様で、実に7mもの厚手藍染木綿地を2cm進み5㎜すくうという平縫いで、130cmまでに絞り込み、尾の張りを表現している。

モン族については：

「モン族（mon）とは、東南アジアに住む民族の一つ。古くから東南アジアに居住しており、ハリプチャイ王国を建てたことで有名で、後にビルマのペグーに移り住んだのでペグー人ともいう。ラーマンあるいはタラインと呼ばれることもある。その後一部が中国の雲南から南下してきたタイ族やビルマ人などと混血した。現在80万人程度がモン族を自称している。なお日本語でモン族と呼ばれる一集団には、ミャオ族（苗族）と呼ばれている全く別の集団があり、こちらはヨーロッパ系の言語では一般に'Hmong'と書かれている」

とあり、両者の衣装はいずれも鳥でありながらも、38Aのミャオ族は垂領的襟明き、39Bのモン族の襟明きは盤領である。南方盤領の文化と北方シャマニズムの鳥文化との混流が読み取れる。

［39A］

［39B イ］

［39B ロ］

［39B ハ］

[40A]

40 ブルガリアにも尾の伝播：図〔40ABイロハ〕

［40A］東欧ブルガリアの中央部、ドナウ川に面するSevliovo村の娘もミャオ族と同じように、厚地綿織の前を着用している。

［40Bイロハ］3白BCに見るワンピースに、袖には18BCのヨークとも同種の幅の太い線が翼と読め、南方の財宝ビーズで表現される。イ　背の細い2本線も鳥の精霊でミャオ族と同様の羽毛。ロ　前の太い2本線は18B　チェストパネル・鳥の胸毛といえよう。ハ　ウール地を極度に縮めたアコーディオンプリーツの裾は、黒ビロード（天鵞絨）地のパイピングで張らせ、シャツのウエストを絞めつつ後ろにつけた尾羽と読み取れる。

先に見た38・39の山岳民族のセパレーツに比し、ここブルガリアでは南のビーズ刺繍の綿のワンピース状に、北のウールの尾の鳥が伝播したといえよう。

ブルガリアについて、

> 「この地域は古くからアジアと西ヨーロッパを結ぶ要衝だった。そのためトラキア人、マケドニア人、ギリシャ人、ローマ人、ペルシャ人、スラブ人、ブルガリア人、トルコ人などが侵略者、兵士、旅人、商人、移住者として、盛んに往来した。」（ナショナル・ジオグラフィック）
> 「…中世にはモンゴル人やタタール人等による支配を経験している。その後、ロシアが領土を中央アジアからシベリア、極東方面へ大きく拡大し周辺の諸民族を征服する過程で、これらの民族と言語的、文化的に混交、同化していった経緯から、ロシア人はコーカソイドを基調としながらも、ウラル山脈以東、東へ向かうにつれてモンゴロイド人種の特徴を含む人々も見られ、人種的に相当なばらつきがあるといわれている。」（検索）

ともあり、今日ロシア正教の祭儀様式の中にも、ウラル山脈以東の鳥を至福のシンボルとするシャマニズム的土俗信仰様式の混入も伺われる。

［40B イ］

［40B ロ］　［40B ハ］

41　後裳＝尾羽：図〔41ABCイロハニホ〕

『カーマスートラ』（古代インド性愛論書）の「鳥の生態を模して生きよ」の一語が記憶に残り、それ以来東南アジアの舞踏など、まずは鳥の所作との関わりに注目してきた。特に360°視野の利くフクロウの目、鋭い爪で確実に餌を得る猛禽類について、その行動は衣装・意匠の源と解釈している。

［41A］このトビの羽を納め静止した後ろ姿は、雨覆いの肩羽〈小中初列雨覆いの三段〉の先に三列の風切羽が重なり合い、その先に勢いよく尾羽が下がっている。

［41B］アフリカ・エチオピア、カンデ村ブメ族の盛装は、未婚者が珍重な材ビーズで華麗に飾り、新婚・既婚者は機能本位の革で、尾羽を装っている。

［41Cイロハニホ］イ　中央アジア・北方ロシアの婚礼衣装は、リボンの片方を縫い縮めた円盤状で羽毛を、下のリボンと共に華麗な風切羽を表現。背中の白黒部は雨覆いといえようか。ロ　東欧ルーマニアは、真直ぐな黒プリーツの直線で勢いのある尾羽と読める。ハ　ユーラシア大陸の西端デンマークでは、白布が尾を、腰部数本のリボンは鳥の精霊・羽毛といえよう。ニ　カザフ族の後裳はAの重なる羽のごとく、２枚の三角が雨覆い、大きい四角が尾羽と見える。しかし大地の区画を記す額装の四角や三角布の重なりは、起伏ある山河大地とも読め、カザフには、10CDにも見るシンクレティズムが伺えようか。

ホ　ユーラシアの東端、コーリアン官吏の祭儀用衣にもフリンジ付き２枚で尾羽、風切羽を、あるいは鳥の刺繍から、天空から鳥瞰する大地を示しつつ、その安穏持続祈願を表章する小道具といえようか。

［41A］

［41B］

［41Cイ］

［41Cロ］

［41Cハ］

［41Cニ］

［41Cホ］

[42A]

[42B]

[42C イ]　[42C ロ]

42　胸毛＝胸飾り：図〔42ABCイロD〕

[42A] 古来、猛禽類は強さ・速さや権力、高貴さの象徴として、さまざまな図像に用いられ、また神話・伝説等に多様な登場が見える。その滑らかな胸毛はビロード（天鵞絨）の源とも解釈できよう。

[42B] 中央ギリシャの東部、後にアテネの繁栄に接ぐ都市の衣装で、その東側はエーゲ海、さらにマルマラ海、ボスポラス海峡を経て黒海沿岸の都市・小アジアの諸文化に海路で繋がっている。

「古来黒海北側は鉄鉱石の原産地・スキタイで錬金術発生の地。その北西岸セルビアは古くからギリシャの植民都市とし、職工の技で加工される繊細な金属工芸品（特にエジプトの祭儀様式を整えた）が東西に広く運ばれる。（吉田敦彦著『神話の話』、但しエプロンは周辺小アジアから渡来とある。）

写真はギリシャ・Atalandiの婚礼装束。Diekey・コインで埋められた胸当ては、Aと同じ観念と見える。なお、仏・英語のJabotは胸飾り・人、鳥の餌袋。また英語のcropは収穫物、鳥の嗉嚢が語源でもある。ゆえに、胸飾りとは腰部のエプロン（豊穣の大地）と相俟って、女性の乳房（餌袋）・豊穣の財の表象、稼ぐ地母神に必需の呪的小道具といえよう。同じギリシャ・マラトン地方花嫁の胸当ても、銀に宝飾入り草花のようで、爛熟したギリシャの錬金術が伺える。

[42C イロ] イ　東欧ブルガリアの花嫁の胸飾り。42Bイの胸当てと短刀入れ（腹部の膨らみ）の分離したものと見える。ロ　イと同様式で、東方ロシア修道女の胸飾りは神前で必需のようである。

[42D]　falcon・ハヤブサが変じ、ハプスブルグ家の家族の肖像には男性がジャボと同じ胸飾りをし、女性は露出した胸部そのものが胸飾り（餌袋）と読める。

〔他にbreast bosom胸部、乳房、愛情の宿る処。breast plate鎧の胸当て、武勇の象徴〕の語も持っている。

[図 42D]

43　鎧＝鳥（フクロウ）・小札＝羽毛：図〔43AイロハBCイロ〕

［43A イ］

［43A ロ］

［43A ハ］

［43A イロハ］イ

「ＢＣ 15 ～２世紀にかけ、この地区には西戎（西方の異民族）を中心とする遊牧民が住んでいたが、彼らは成熟した青銅製錬金技術による、遊牧生活の息吹きが聞こえてきそうな青銅製品を造り出した。」（大黄河オルドス秘宝展図録）

騎馬俑ながら前項の胸飾りとも同観念の breast　plate・鎧の胸当てが、馬の胸にも整列した小札状で描かれている。ロ　ＢＣ 221 年、中国史上初の統一帝国秦朝に造られた土偶の兵馬俑ながら、イとも同観念の plate・小札・飾盤の鎧である。ハ　中国春秋戦国時代、南に独自の王号を持っていた楚国（三苗族）。漢民族に追われ、今日雲貴高原にあり、その苗族既婚男女の「姉妹飯節」は、「河向うからの男子に飯を接待」することが趣旨ながら、その衣装はロにも似た銀の飾盤に小さな玉の揺れる breast　plate である。

［43B］

［43B］　ＢＣ 2600 年を遡るメソポタミア・シュメール王朝期、ウル出土の小箱「槍持つ兵士」の衣にはドット・毛穴の象徴が付いている。

［43Cイロ］イ　アイヌの革紐鎧はフクロウを象っており、遊牧民の胸あてにも似た小札が革紐で通されている。また時代は下るが、ロ　飛騨高山城、御殿医上田玄信泰住跡（忍者館）の展示品の鎧はフクロウを象っている。

［まとめ］即ち何れも 10D に記すシャマニズムのシンボル太鼓は馬、バチは鞭、騎乗の兵士の小札・羽毛の鎧は鳥のごとき飛翔力の塊の観念形態といえよう。

［43C イ］

［43C ロ］

44　背面と前面衣装＝鳥の精霊＝背扇：図〔44ABCイロ〕

［44A］中国の少数民族景頗（ジンボー）族は、古来チベット高原南部で生活し、後トーアン族、チャン族、漢族などと共に雲貴高原で農業に従事している。少数のキリスト教徒を見ても、従来多くは万物に魂が宿るとの原始多神教を信奉してきた。粒々で囲む円盤に３本の棒状がぶら下がる金属のアクセサリーズは、図18ヤクートの呪衣と同形、前後共に鳥の精霊の意になる。

［44A］

［44B］

ナシ族は今日雲南省麗江ナシ族自治県とその周辺に農耕中心の定住ながら、古来長い歴史を持つ民族で、羌（ちゃん）族（羌の字は牧羊する人）の一派であった。その着衣については、「女性は早朝から夜遅くまで勤勉に働く姿を象徴とし、七つの星と例える。紐が流れる円盤のつく羊の毛皮を背に、また毛皮につく紐は胸の前でただ交差するのは未婚者で、既婚者は一回ひねって交差させる。」（民博解説）とある。

［44B］

［44Cイロ］イ　55もある少数民族中代表的なミャオ族では、子供を背負う布を背扇（はいせん）といい、その紐はナシ族と同様に前で交差して結ぶ。ロは少数民族にある多様な背扇の一例で、繍と額装の３枚の短冊状、その下に大きな３枚の矩形額装布、それに同調の太い立派な紐が付く。山岳地の棚田に苦難の歴史を辿るこれら少数民族の背には、鷲ミミズクと同観念に、確かな糧の持続を願う精霊が揺れ、これをしっかり縛る紐が必定となり、やがて子孫持続、子宝を背負う背扇に発展しながら、懸命な就労姿の図像化が読み取れる。

［44C イ］

［44C ロ］

45　背面・前面（祈祷観念）衣装の伝播：図〔45ABCD〕

［45A］前項44と同様ミャオ族系少数民族で、衣の前は細い飾り紐の交差、背は草花紋のあるケープ状の上に短冊が１本、精霊の揺れが感じられる。

［45B］インドネシアの舞踏衣装の背は、ビーズの幾何模様でべったり覆われ、裾に精霊の揺れ、衣の前は左右各２～３本のビーズ紐を胸部で網代編みにし、先を垂らす（山岳少数民族の間にも紐の網代編みがある）。

「インドネシア、東南アジア一帯にはモンゴロイド（黄色人種）の南方群が住み着いている。紀元後１世紀頃からインド人が多数移住、ヒンドゥー教を奉ずるインド型の初期国家が誕生。６世紀には大乗仏教を保護する国も登場した。」

とある。

Ａの材は照葉樹林帯、織布中心の陸路通商文化圏内にある。Ｂは熱帯、周辺に島嶼、西にアフリカ、インドへと繋がるインド洋、北東にシナ海、日本にも繋がる広範な海洋通商航路に富む。材がビーズと変っても、極北シャマニズムの鳥の精霊を常時背に、つつがない営みを祈祷する祭儀様式の図像・形態的伝播が伺える。

［45C］チベット仏教を奉ずるブータンの、若い僧の背にはＢと同様、べったりとレース状の刺繍が見られる。

［45D］騎馬遊牧の民フン族が語源の、Hungary・ハンガリー男性のコートの背は中国少数民族の44Cロの背扇に似た額装布、太い紐が襟のように前で交差し、騎乗の生活の後に農耕に変じた男のステータスシンボルとなっている（山岳少数民族は男性も華麗な背扇で子を背負い、家業を補佐する）。これらの衣は袈裟にも匹敵し、人の苦楽を背負える満意の証であり、図像・筆頭の宗教的小道具といえようか。

［45A］

［45B］

［45C］

［45D］

46　背面意匠（鳥の精霊）から背子へ：図〔46ABCD〕

図 46A

［46A］　わが国の古代においても「女子は男子ほど晴儀に参列しなかったので、礼服を省略した朝服（宮廷に奉仕する女房たちの平服）に唐風を継承した背子（からぎぬ）を加えて正服…。（『日本の服装・上』歴世服装美術研究会編」)」とある。当衣は袖なし逆三角の背から、45D に似た細い三角の縁取り布が前で交わり、ちょうど 44・45 の背面と同観念形態といえる。ゆえに唐伝来の背子に「からぎぬ」と仮名がつくのであろうか。

［46B］アーミッシュとは、下記のように

> 「アメリカ・ペンシルバニア、オハイオなどに居住するドイツ系アメリカ人で、源郷はスイス、アルザス、シュワーベンなど。マルティン・ルターによりドイツに始まる保守的で代表的なプロテスタント。（北欧諸国では国民の大半がルター派である。）アーミッシュは主として農業を営み、小鳥に寛容・子供の頃から動物と一緒に生活、馬の世話も一人…」

とある程に遊牧系の自然崇拝主義を保持し、交通の足は 21 世紀の今もなお馬車である。その着衣について「年長の少女は礼拝に行く時、白ゴ—ス地のケープとエプロンを着用し、最後に身につけるのは結婚式時…。」（アーミッシュの生き方展・図録 思文閣美術館）とあり、背を被う布から前で交わる様式は、A 背子とも共通している。

図 46B

［46C］日本の武士の朝服・礼装にも AB とも類似形態の裃が付く。

［46D］中国語辞典の背子は「beizi、物を背負うのに用いる細長いカゴ・背負い籠」である。

タイ北部の少数民族モン族の、夕暮れ時に畑仕事後、籠（背子）一杯にして運ぶ姿。これらこそが 44AB と同様に、確実に餌を得る鷲ミミズク・鳥の精霊と同観念であり、上司あるいは神仏への奉仕・奉納の図像化であり、背子・ケープ・裃に含む呪的性といえようか。

図 46C

図 46D

47　袖＝風切羽の要因：図〔47ABCDイロハEF〕

［47A］ユーラシア北東端に生じるシャマニズム、そのシャマンは鷲ミミズクを装う。ヤクートのシャマンは筒袖に細い革をすだれ状にして風切羽を表現している。

［47B］島根県、荒神谷遺遺跡出土の358本の祭儀用銅剣は羽ばたく鳥型に埋葬されていた。

［47C］東洋と地中海を結ぶシルクロード、その東方楼蘭（ろうらん）、小川墓地出土少女の衣の、赤絹地ギャザーの袖付けはプリーツのように見え、白の縁取りが羽毛を強調している。

［47A］

［47B］

［47C］

法隆寺に安置される日本最古の四天王で、その西方を守護する広目天は甲冑を着けた武将の姿で表現されるが、そのプリーツの袖がシャマニズム的飛翔力を見る観念形態（古来武将の鎧はフクロウでもあり）から鳥の羽毛といえようか…。

［47Dイロハ］民族の十字路ともなる東欧ブルガリアの娘。イブラウスの袖上部の四角い刺繍は、38Aと同観念の羽毛を表す。ロ　現代の女性のブラウスの背に２本線を見つける。また、袖全面に綿密な羽毛観念の刺繍で被われている。

ハ　袖のやや太めの２本線は鳥の精霊、胸の３本線は前掲チェストパネルと同様に胸毛の観念形態といえよう。

［47E］アフガニスタンの極平常のシャツ。衿元や前明きはコード飾りが必需のようで、多少なりとも衣装とはシャマニズムの飛翔の願望の観念形態が付けられるものといえようか。

［47D イ］

［47D ロ］

［47D ハ］

［47E］

[48A]

[48B]

[48C]

[48D]

48　ドット＝毛穴＝精気のほとばしる気孔：図〔48ABCDEF〕

［48ABC］A　ＢＣ3700年のメソポタミア、ウバイド期のテラコッタ・土隅には、男女共両肩に複数個の粘土の塊・ドットが付くものがあるが、その意味は不明である。B　ユーラシア大陸北東端ヤクートの、鷲ミミズクを装うシャマンの呪衣。両肩には風切羽の源動力点のごとくに革の房飾りが付く。C　馬術に長けたモンゴルの人々。その未婚女性の正装の肩にも、Bと同観念の、銀の塊に赤房の付く数珠状のサンゴ飾りが付く。ドイツの医学者・博物学者シーボルト（1823年オランダ商館の医員として長崎に着任）所用の礼服（軍服）には、その肩先にも、金モールの房飾り・肩章が付き、これらは鳥の肩羽の精気のほとばしり・風切羽の飛翔力を象徴した図像化といえよう。

［48DEF］D　一説にはキリスト教への入信を拒み、幌馬車を居に流浪の歴史をたどるジプシー。スペイン、サクロモンテの洞窟に居を得てからも、カンと冴えた月光の夜、動物の慟哭のごとくに歌い踊るジプシーのフラメンコの衣装は、大小各様、色とりどりのドットで被われ、重厚な裾のフリル・尾羽と相俟って羽ばたく鳥のアレンジとなっている。

E　千金白狐とある中国楚国の巫女姿。白狐の気孔がドットで表現されている。

F　古代地中海東端の交易港、シドンの港の砦は石のライオンで、右側胴部にはめ込まれる丸い石・ドットが、ライオンの激しい息使い・気孔を表現し、引いては百獣の王ライオンの堅固な砦を象徴することにもなっている。

これらは天空にある鳥の気孔に対し、大地にあるのが白狐、ライオンのドットで、エリアーデの述べる天地のシンクレティズムがドットすなわち水玉模様にも伺えるといえようか。

[48E]

[48F]

49　袖＝翼・風切羽：図〔49ABイロCD〕

［49ABイロ］A　白鳥・swan はカモ科の水鳥、オオハクチョウはシベリア東部で繁殖し、冬期南に渡る。寿命は野生で最長 20 年（動物観察事典）とあり、この最大限に広がる鳥の羽こそが、Bイの、白いカットレースの大きな袖口波形の原型・風切羽毛先の具象化と見る。ハンガリーの学を収めた博士、学位授与式の正装とは、33A　豊かな大地の証、雛菊咲く前掛けと、北の大地湖上の幸の象徴白鳥と化し、「一国の守護役を担う横綱にも等しく」、祖国ハンガリーを担うエリートの標彰・呪的図像といえようか。

Bロ　普段のブラウスの袖も、イと同様幅広い袖口に２段、上腕にも羽の証・黒い繍が付き、袖口は紐で開閉の自由がきく。

［49C］16 世紀後半エリザベス朝の現在に残るブラウスで草花、クモ、ムカデなどの昆虫が高度な繍のブラックワークで刺され、mans（男用でも女用もある）の牧歌的大地にある満悦の証のようである。

［49D］現代ハンガリーのブラウスも、左側前胸元と袖山に杉綾状の羽毛の繍が、背にはシャマン必定の揺れる鳥の精霊も小粒ながら３×３刺されている。故に中世の頃から白いブラウスとは鳥の観念的図像といえようか。

［49A］

［49B イ］

［49B ロ］

［49C］

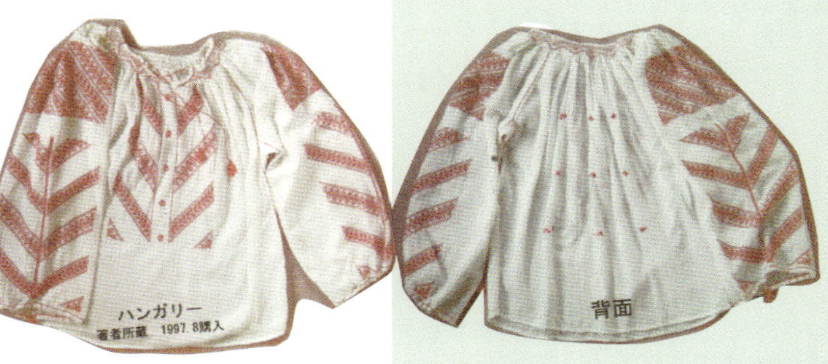

［49D］

50 羽・角の袖とギリシャ：図〔50AイロハBイロCイロハ〕

[50A] イ　ギリシャ北西端イピロスの花嫁。ロ　シュミーズであり、元は袖なしのところに白鳥の羽と同種のギャザースリーブが付いた。ハ　40項のブルガリアとも同観念の尾のプリーツが藍色、ウール地の畝織（うねおり）で作られている。

[50A イ]

[50A ロ]

[50A ハ]

[50B] イ　ギリシャ西方イピロスの南端、Naupactosuのサンデードレスでは、Aと同種の袖に短い豊かなプリーツスカート・foustanellaを穿く。ロ　縁取りのある芯の貼られたベストと、背面に袖下だけが繋がる2本の袖・hartsa（雄の赤鹿で優美の象徴）が垂れ、クラフトマンなどのテーラードな装いとする。

[50B イ]

[50B ロ]

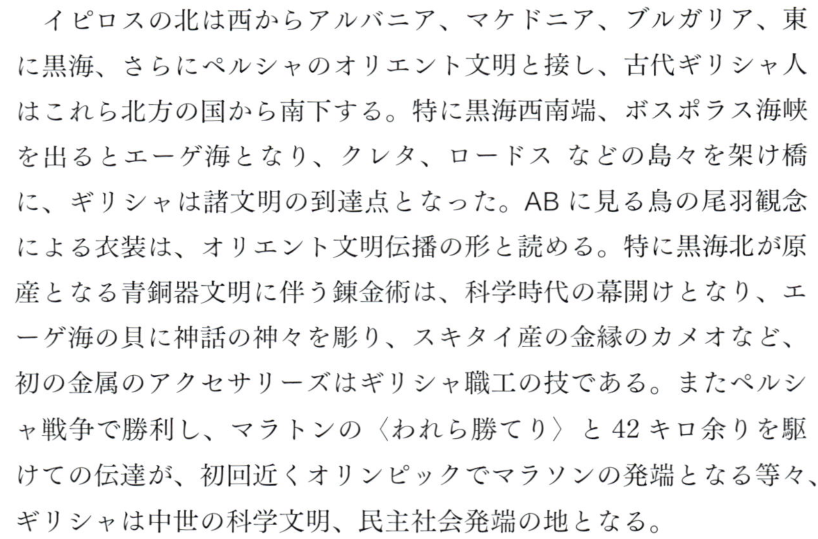

文明の交差点ギリシャについて

イピロスの北は西からアルバニア、マケドニア、ブルガリア、東に黒海、さらにペルシャのオリエント文明と接し、古代ギリシャ人はこれら北方の国から南下する。特に黒海西南端、ボスポラス海峡を出るとエーゲ海となり、クレタ、ロードス などの島々を架け橋に、ギリシャは諸文明の到達点となった。ABに見る鳥の尾羽観念による衣装は、オリエント文明伝播の形と読める。特に黒海北が原産となる青銅器文明に伴う錬金術は、科学時代の幕開けとなり、エーゲ海の貝に神話の神々を彫り、スキタイ産の金縁のカメオなど、初の金属のアクセサリーズはギリシャ職工の技である。またペルシャ戦争で勝利し、マラトンの〈われら勝てり〉と42キロ余りを駆けての伝達が、初回近くオリンピックでマラソンの発端となる等々、ギリシャは中世の科学文明、民主社会発端の地となる。

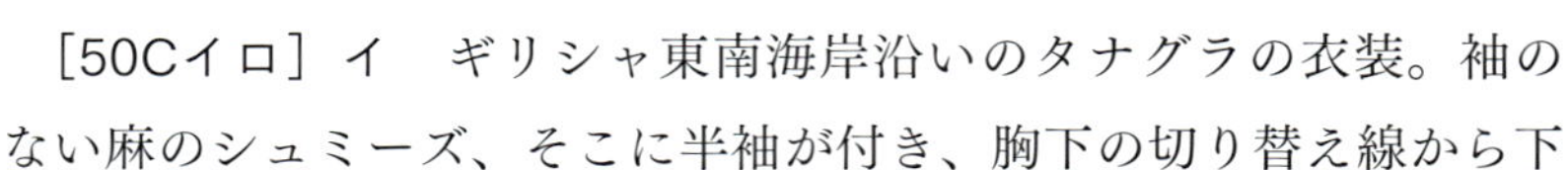

[50C イ]

[50Cイロ] イ　ギリシャ東南海岸沿いのタナグラの衣装。袖のない麻のシュミーズ、そこに半袖が付き、胸下の切り替え線から下に、18項にも記したベツレヘム・スタイル・コーティング（糸杉模様）の2本線が付いた喪服である。イは、べったり繍のある袖の付いた短い上着で、2, 3のアクセサリーズを添え、花嫁衣装になるが、Bの、鹿の角の優美さを醸し、ごわつく搾衣の袖は敬遠されつつも、やがて広く東西に伝播する。

[50C ロ]　[50C ハ]

51　Wing-like sleeve：図〔51Aイロ BCD〕

［51A］イ　コンヤ（トルコ・小アジア）は 11 世紀セルジューク・トルコの征服以来 13 世紀まで、トルコの首都〈コンヤ〉の名で栄えた都市であるが、トルコを代表するイスラム神秘主義者ルーミー・メブラーナはこの地でメブレビィー教団を開き、アナトリア随一の宗教都市として繁栄を見る。12 月 1 日から彼の命日の 17 日まで毎日、イ旋舞・セマが行われる。セマの、その長い白いスカートは死者が纏う白布を、赤茶の高帽（フェズ帽）は墓石を示すようで、宇宙の下、僧侶たちは両手を広げ、広いスカートと共にぐるぐる回ることで、自我の世界に入ることが出来、メブラーナの思想に至るとの宗教的儀式である。

両袖を広げ、大きく広がるスカートの旋回する姿は、土俗信仰の鳥・飛翔をシンボルとするシャマニズム的鳥のアレンジと読め、それらは遥かな旅路に向かう渡り鳥の、上昇気流に乗るための旋回（あるいは死者の魂の昇天）具象の表現と解釈出来る。

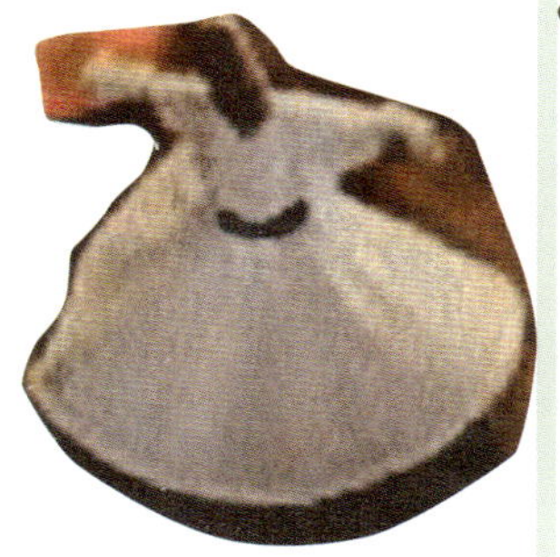

［51A イ］　［51A ロ］

［51B］

［51C］

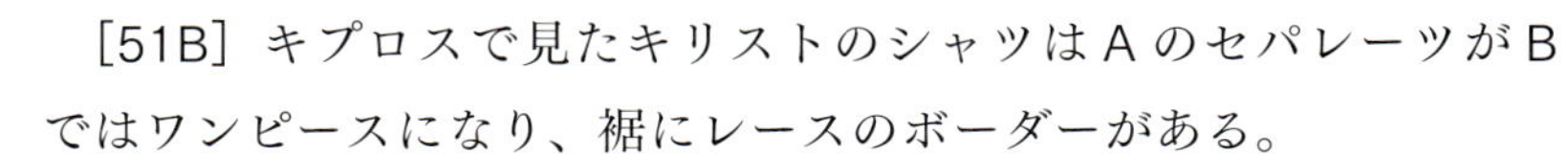

［51B］キプロスで見たキリストのシャツは A のセパレーツが B ではワンピースになり、裾にレースのボーダーがある。

［51C］インド・イスラム、ヒンドゥー教徒の男性式服は、極端に長い袖、幅広いスカートにセマの観念が伺える。

［51D］「1326 年高麗の修道士の記録にあった Yosun-tchupli・大麻（花言葉は運命）のドレスで、1997 年韓国の仏教徒が Haein-sa（寺院）で発見。wing-like sleeve とあり、BCD 共に着丈の長短はあっても、切り替わるギャザースカートと長い筒袖は同様式である。辞書で知る袖・wing には、「(鳥・蝙蝠・昆虫などの）翼・羽・翅・飛魚の大ひれ・四足獣の前足・天使の翼、鶏、手羽の肉（美徳、栄光の象徴)、矢羽根等々」の意味があり、あらゆる宗教に通ずる呪的飛翔力・昇天への神意が潜んでいるといえようか。

［51D］

52　白絹袖とスートラ：図〔52AイロBイロハ〕

［52A イ］

［52A イロ］イ　楼蘭故城北１号墓出土の白絹袖は、韓国のチマ・チョゴリの原型のような絹長袖衣（ちょうちゅうい）で、白絹の部分は 70cm を越える。後世になって、53 項のごとく、揺らぐ白い絹長袖は舞者・巫女の喜怒哀楽、感情表現の小道具であり、51 項の wing に類するものと推察出来る。

ロ「韓国の侍従の祭事用上着で、'pongee' 瓢箪・羊水と呼ばれる。ＢＣ 200 年頃から蚕の労の賜物、山繭から紡がれる若草色糸の〈紬〉・下地の赤が透ける程に薄く織られた二重の醸す玉虫色が貴重視される。英語で The caterpillars　or moth called silkworms《チョウ・ガの幼虫、転生、聖職者の象徴・蚕・瓢箪水にくるまれる》(Sunny Yang HANBOK) さらに産み出す力を象徴するものともある。実にスートラの原義がここにある、と考察される。

［52A ロ］

「スートラとは古代インドの性典『カーマ・スートラ』(愛の教え・インド愛欲の物語)。これに伴い日本伝来の仏教・密教でスートラとは、「糸」や「紐」を意味し、そこから教えを貫く糸、つまり綱要という意味に転じ、さらには経典という意味になった。」(『密教　図解雑学』ナツメ社)

なお持論ながら、蜘蛛・蚕・細い１本の糸・縒り糸・綱状・6C の葦笛など棒・紐状が、神の綾なす大地から生み出される賜物・神の一具象形態となっているといえようか。

また、この衣には clouds (神を象徴する雲状)、phoenix (エジプトの不死鳥) など、飛翔的地紋も入っている。

［52B イ］

［52B ロ］

［52Bイロハ］チベット仏教王国ブータンの　イはチュゴ (羽織)、ロはキラ (着物) とケラ (帯)、ハはケンジャ (ブラウス) で、Aロ

韓国とも同じ若草色の上着、袖は白絹長袖である。しかし当ブータンの国樹はイトスギ、国獣はターキン (ウシ科の哺乳類)、国鳥はワタリガラスと、18 パレスチナとも通じる図像が多く、またAイは「ヨーロッパ系人種が浮かぶ」ともあり、この白絹長袖衣、特に筒袖状は西方からの発生、伝播といえようか。

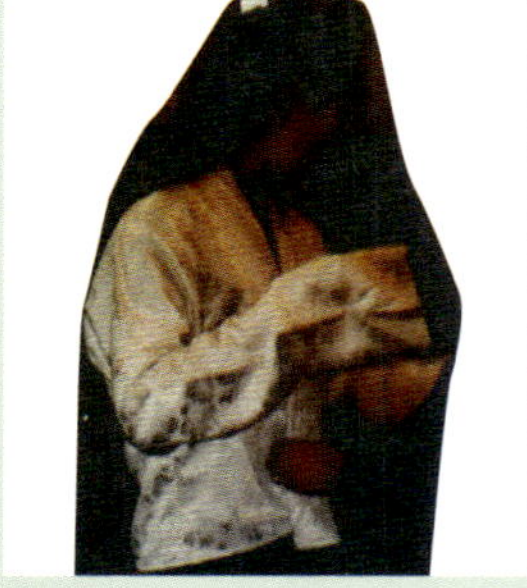

［52B ハ］

53　白絹長袖・振る袖：図〔53Aイロハ Bイロ〕

［53Aイロハ］イは、3項A赤（モンゴル）の胡服と垂領の襟以外は類似で、極端に白長袖は51・52項の翼と同観念と読める。右図は趙国の舞人。

［53A イ］

周王朝（中国戦国時代）と趙の胡服〈騎射の戦法〉

> 「殷を滅ぼした周（今の西安あたり）は中国高文明の成立期（茅葺きから瓦へ、青銅器の出現など）にあった。周の穆王に仕えた名御者・造父が趙城に封じられたのが、趙氏の始まり。紀元前307年、君主・武霊王の時、北方趙氏騎馬兵の騎射の戦法（図4A騎乗、疾走しつつ射る弓矢）の強さに注目し、従来の寛衣をタイトな胡服に変え、騎射の戦法の実行で、強盛・威力を発揮…。次いで天子である周王室は名ばかりに、戦国七雄（秦・楚・斉・燕・趙・魏・韓）が存続…、しかし複雑な民族闘争の後、最終的には秦によって他の六国は滅ぼされる。」

その後、中国は秦の始皇帝による統治下、漢民族としての統一を見る。戦国七雄の一部は、今日の中国少数民族として四散・移動したが、それらの衣に白長袖を読むことができる。

ロ　仏教国チベット男性の正装はAイの舞者と同様に、長い白振り袖が閃く。

ハ　タジク族（ウズベク共和国）の婚礼衣も、上着は3項青色のチャパンとイスラムしているようでもあるが、長い白袖が見える。これらは乗馬に長けた趙氏・天馬のごとく疾走する標章的小道具・翼といえよう。

［53A ロ］　［53A ハ］

［53B］イ　戦国七雄のうち、韓（鮮卑）は東方の朝鮮半島へと移動したのが読め、Aの胡服と異なり、52の上着と裳の二部式である。婚礼衣装大袖口の白布はclouds（雲・神の乗物）の意を持ち、虹の具象である縞模様の袖セットンと共に、ロ　天空にある女神・天女・飛天を象徴し、中国北方に生ずる、鳥が至福のシャマニズム的図像といえようか。

［53B イ］

［53B ロ］

54　白絹袖と飛翔の背景：図〔54Aイロハ B〕

［54A イ］

［54A ロ］

エリアーデは中国の組織化について、

> 「楚はすでに BC1100 年頃確立されていた。周の文化を同化した楚は、モンゴルが起源で、その宗教はシャマニズムとエクスタシーの技法を特徴としていた。漢の中国統一は楚の文化を破壊することになったが、中国全土にその宗教的信仰と宗教的実践とを浸透させた。その宇宙的神話や宗教的実践のうち、多くが中国の文化に取り入れられ、エクスタシー技法も道教の中に見出される。」（エリアーデ『世界宗教史３』）

とした。

この時代、儒教（祖先崇拝の要素を礼教化し、仁愛の理念を説く）・仏教（現生利他）などが混在する中、道教は従来のシャマニズムを母体に「不老長生」を究極の利益に求めた。

［54A イロハ］などではその図像化がおこなわれている。ここに描かれている伏義と女媧は次のようにある。

> 「古代中国の神話に登場する神または伝説上の帝王といわれ、洪水神話として、伏義と女媧の父が雷公と戦ったが、雷公が洪水を起こして攻めたために、二人を残して人類は滅亡してしまう。兄妹は二人共に、頭が人間で体が龍という、龍をトーテムとする部族の首領となり、結婚して人類を伝えたとある。また伏義は文化的英雄でもあり、万物による八卦、網での漁労法、木で火種を取り食物を焼く調理法、琴の楽器と創曲で、豊作・婚儀など祝儀の制度、また家畜の飼育、狩り、鉄を含む武器の製法の開発等（今一人神農氏の薬草の発見・今日の神農さんも加わり）、実に科学的生産力開発の幕開けの時となり、また楚国建国の民苗族が信奉したとも推測されている。（大辞林）」

［54A ハ］

今日でも、シルクロードの始まりの地・ウルムチでは、伏義像がいち早く目に飛び込んでくる。

ロ　この純金貼り羽毛姿の伏義像は、尾張徳川家の聖堂祭器の一つであるが、羽毛姿から飛来の像といえようか。

ハ　中国歴代皇帝の求めた不老長寿の妙薬・朝鮮人参の生える長白山を挟み、東は朝鮮、西は自然資源豊かな吉林省、その南北朝の墳墓に、龍に跨り袖裾を靡（なび）かせ疾走する神（人間を助けるという「天界の精霊」）の図である。

［54B］

［54B］日本の嵐山鳴滝の三宝寺万願妙見宮、その宮司のご祷祈は、祭壇（天界）をぬって現われ、やがて太鼓の音と共に振られる袖は、あたかも精霊の降下・羽ばたく翼のようであった。また、韓国の Senngmoo・修道士の演技は、天界と自然界の間で精霊の運搬役を司るシャマンの降下具象の姿であり、大きく広げた白絹の振り袖は、鳥の風切羽の具象形・シャマニズム的パフォーマンスの図像といえようか。

55　大袖と飛翔力の背景：図〔55ABC〕

［55A］中国帝王の冠服で、肩の白小丸は月、大袖口の模様も天体である。エリアーデによると、

> 「天空神である天や天帝は、擬人化された人格神であり、…天は王朝の守護者であり続ける。王は〈天の息子〉であると共に、〈上帝の摂政〉なのである。そのために犠牲を捧げることが出来るのは、原則として王だけということになる。王は宇宙のリズムの正常な運行に責任を持ち、旱魃・異変・災害・洪水といった災害が降りかかったときには、その償いの儀礼に従う。すべての天空神には季節を支配する役目から、天もまた、農耕にまつわる信仰において一定の役割を果たしている。したがって王は農耕周期の重要な時期、天の代わりを務めなければならないのである。…孔子の説と、君主の儀礼的姿勢が、天空神を司るとあり、…正しい儀式を行うことによって、尽大な呪術・宗教的な力が解き放たれる。〈彼はただそこに、顔を南の方に向け、重々しく威厳を持って立つ。正しい行動さえすれば、命令を下す必要はない〉〈徳による支配は、あたかも北極星になったようなもの…。同じ場所に留まったままで、すべての星がその周囲を忠実に巡って行く。〉
> また威厳や気品は、…教育を通して獲得されるもの…。人は訓練や生得的な適正に従って〈君子〉になる。…支配の業は、多数の人間の平和と幸福を保証する唯一の手段と考えた。…そして宇宙や社会も、人間に働いているのと同じ呪術、宗教的な力によって支配されているからである。」（エリアーデ『世界宗教史３』）

とある。

本冠服には、胴部に道教の飛翔的龍、裾に鳥・プリーツの尾、特に翼・大袖を広げた姿こそが儒教的威厳の天の形・天帝といえよう。

［55BC］B「韓国国王の豊穣祈願用の礼服（Ceremonial Robe with Nine Symbols）も、冠（モルタル板の材）に垂れ下がる９本の房は宇宙の秩序の象徴、黒ゴース地の肩に龍、袖口に鳥、樹と飛翔力的な紋。」（Sunny Yang HANBOK）前掛けには26Bロの五穀豊穣祈願紋、最下位に亜字紋（万物の根源、ささえ）を見る。（但し、図９シャマン的金冠から論理的９本の房に変る…）孔子の礼教化が伺えようか。C　中国を手本にした日本の朝廷天皇礼服の刺繍にも大袖の龍紋、胴部の北斗七星、鳥、山、粉米など見られる。またミャオ族に見る裙の襞に粉米、亞字紋などABC同観念の図像であり、大袖こそが天帝・天皇、天を語る宗教的小道具といえようか。

［55A］

［55B］

［55C］

56　飛天・天女・女神の背景：図〔56AB〕

［56A］

［56B］

［56AB］　奥羽曹洞宗の古刹（1348年開山）円通正法寺の、俗界と聖地を区切る惣門正面扉上板壁の装飾画。（2000年から6年間の本堂改修時に発見）

Aはその一つ吉祥天で、もとバラモン教の女神。後仏教に入ってからは天女ながら、父は徳叉伽、母は鬼子母神、また夫に毘沙門天の妃、あるいは妹ともされ、ヒンドゥー教ではヴィシュンヌ神の妃（太陽の活動を象徴、のちに宇宙維持・世界救済の神となる）、また愛神カーマの母とされる。

B　同寺で数枚見る女神中の「迦陵頻伽」で、

「浄土にいるという伝説上の鳥、左手に経典と思われる巻物、右手に蓮華を持ち、有翼の菩薩形の上半身に鳥の下半身で描かれ、同時に如来の教えを称えることを意図するとある。殻の中にいる時から鳴き出し、その声は非常に美しく「妙音鳥」とも意訳され、日本では美しい芸者や花魁、美声の芸者をこの名で呼ぶこともあった。また中国の仏教壁画などには人頭鳥身で描かれている。（各寺図録、検索）」

奈良中宮寺の国宝「天寿国曼荼羅繡帳」の中央男神の裳には、図15に記す呪衣の鳥の尾・飛天を象徴するプリーツと見、筒袖や盤領は西北遊牧文化系。左下女神の下半身は7～16項に記すストゥーパの地輪・豊かな水辺を象徴するティアードスカートで、遥かエーゲ海の女神にも通じる図像・伝播が読めるといえようか。

57　女神・天女の飛来と竹林：図〔57Aイロハニ〕

［57A イロハニ］イ　本図は春日大社に祀られる女性の大神様比売神（ひめかみ）（竹林に飛来された貴女）の加護のもと子子孫孫まで栄えたとある「竹林殿事」（鎌倉時代の絵巻物春日権現験記絵中）で、虹を連想させる大袖・十二単の天女が竹林に飛来する図である。

［57A イ］

日本の竹林については『古事記』や『万葉集』にも竹に関する記述があり、マダケのような現在親しまれている竹類については自生説 もあるが、極めて珍しく、現在のような竹林はそれ以降の中国からの持ち込み、栽培をもとにしたものと考えられている。

［57A ロ］

マダケ類は8世紀頃に持ち込まれ、当時はおそらく貴族の間だけに栽培されたとの説もある。たとえば竹取物語において、求婚者はすべて貴族である。また、ロ　京都御所の清涼殿（天皇の常の居所）前には左に漢竹、右に呉竹（ごちく）がある。ハは舞姫であるが、21E の十二単に唐衣と貴人の正装で、イと同様、中国漢・呉の竹と共に女神（地母神的文化）飛来の設定と読める。

［57A ハ］

誠に浅学ながら、中国の〈竹林の七賢人〉と、晋の時代には老荘思想に基づき、俗世から超越し、竹林での談論を行う清談が流行したという故事もあり、ようやくシャマニズム的土着信仰を逸脱し、国教的儒教や仏教の波及に従い、55 のように、天帝は大袖を旗印に国家万民繁栄の祈願をするに至った。

その天帝を支える女神・吉祥天等は天女として竹伝いに舞い降り、子々孫々までの繁栄・大地の安泰を天帝と共に祈願・その標章的図像と解釈できようか。

ニ　浄瑠璃寺の吉祥天女像（建歴 1212 年）は、極彩色の画像で埋められた厨子（八葉の内、天井の原本以外は昭和の復元）に納まっており、その正面扉の内部画像は「竹と雀」が描かれている（浄瑠璃寺絵葉書）。また着る背子・ベスト・裃等々は、図 15 で述べた鳥の精霊具象の形態との推論する余地はあるまいか。

［57A ニ］

58　小袖・裳裾と浄土式庭園・苑池：図〔58ABイロ〕

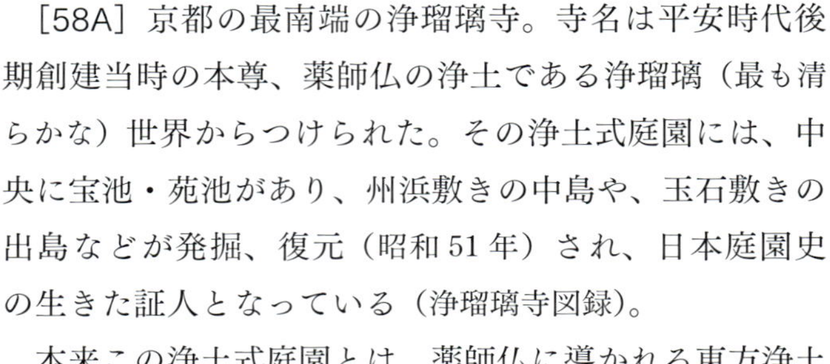

［58A］

［58A］京都の最南端の浄瑠璃寺。寺名は平安時代後期創建当時の本尊、薬師仏の浄土である浄瑠璃（最も清らかな）世界からつけられた。その浄土式庭園には、中央に宝池・苑池があり、州浜敷きの中島や、玉石敷きの出島などが発掘、復元（昭和51年）され、日本庭園史の生きた証人となっている（浄瑠璃寺図録）。

本来この浄土式庭園とは、薬師仏に導かれる東方浄土〈來世の楽園〉を表現したもので、樹々茂る森に苑池（丸い囲いを設けて、花や木を植えたり、獣を飼育する所、宮廷に所属する庭園、花園）、また中央の州浜（岩木、花鳥、瑞祥のものなど、種々の景物を設けたもの）は、当寺の復元で知る浄土式庭園様式・神域であり、後世の日本式庭園、ひいては瑞祥（目出度い印）・至福のシンボルと広く造られるようになる。

［58Bイロ］　平成21年「江戸のオートクチュール」として公開の小袖展は、江戸初期から後期までを網羅してその数700点〈調度も含む〉もある中、約200点の染・繍の小袖は、花鳥風月・苑・瑞祥紋がすべてであった。加えて52Aロ　山繭糸で織るしなやかな絹布に、花鳥風月・浄土が描かれ、ふっくらと仕立てられる裾の施(ふき)は36の額装で、これらは苑池中央州浜の淵のアレンジ・観念形態といえまいか。さらにその裳裾(もすそ)引く小袖姿は、浄土・苑への誘い。その上に締める博多帯は30D独鈷（僧の護身用刀）模様の持つ呪的精神性も今うなずける。また、このような日本の小袖に、文金高島田〈智も財も備え、島に田・樂土〉を頭頂に嫁ぐ花嫁装束。

［58Bイ］

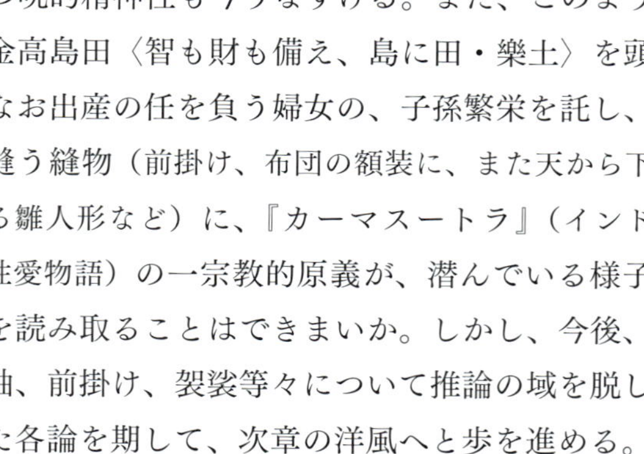

なお出産の任を負う婦女の、子孫繁栄を託し、縫う縫物（前掛け、布団の額装に、また天から下る雛人形など）に、『カーマスートラ』（インド性愛物語）の一宗教的原義が、潜んでいる様子を読み取ることはできまいか。しかし、今後、袖、前掛け、袈裟等々について推論の域を脱した各論を期して、次章の洋風へと歩を進める。

［58Bロ］

第3章
洋風デザインのヘソ バイキング

〔59A〕 〔59B〕 〔59C〕

〔59〕 A **航海に長けたバイキングとロングシップ** 海賊交易植民を繰り返し故地では農漁民であり特に手工芸の技量は最高レベルであった
B **泡を象徴するレース** 白の綿、麻の糸布は貝殻同様南国からの特産品であった
C **南国の海で採集した貝殻** 17 世紀東西インド諸島からヨーロッパの２大海港アムステルダムとロンドンへ運ばれた貝殻は莫大な利益元となり、貝の描画は標本として探し求められた

G　バイキングの創造性（クリエイティブせい）

59　バイキング創成の背景：図〔59ABCDE〕

［59ABCDE］A

「バイキングとは8世紀から300年以上にわたり、西ヨーロッパ沿海部を侵略した武装船団（海賊）を指す言葉であったが、近年の研究では〈その時代にスカンディナビア半島に住んでいた人々全体〉を指す言葉に変容し、中世ヨーロッパの歴史に大きな影響を残したとされる。トール・ヘイエルダール（ノルウェーの考古学者）説のように、バイキングは海賊・交易・植民を繰り返す略奪経済を生業としていたのではなく、故地においては農・漁民であり、特に手工業に優れ、職人としての技量は、同時代世界最高レベルであったという。」（検索）

［59D］

［59E］

B　ユーラシア大陸の最西端、フランス・ブルトン人コアフの白いレースは、吹き荒む波しぶき・泡を象徴している。後世バイキング定住地には、レースのような泡が特徴のビール工場が、すぐ眼に飛び込む。

東・西インド諸島から運ばれた貝殻は莫大な利益源で、貝殻の描画は取引の標本代わりに探し求められた。

今日のポスターの元祖のようでもある。かつて、戦後の洋裁学校の隆盛期に、ジバンシー、ディオールとオートクチュールで行われた本格的な縫製は、二重三重の芯を貼ったもので、獣皮と同等の恒久的上着として驚きを与えた。さらに金銀銅・蝶貝など天然材のボタン・アクセサリーズが貴重視され、特にシャツの小さな貝ボタンなどがあって、その原点に、C貝殻のごとき南北資源交易の賜物が見てとれる。

またD　オートクチュール、エルメスのスカーフは、馬具の房飾りで埋まっている。その源は13項女王の右に立つ男性が守護神エルメスであり、Eは東欧ハンガリーで初めて作られた「あぶみ」で安定した乗馬を促すものとして具象化された。

かつて、広大な原野を背景に、馬を足に営んだアーリア系民族の生活の知恵の発現であろうか。馬の健在を祈ってか、鞍に房飾りを付ける馬具商がエルメスの発端である。

4世紀の頃、民族大移動も見、ひいては船を足に海に出たバイキングの、やがて交易で得る莫大な経済力をもってなされた開発力が、今日の西洋デザインの原点であろうとの解釈で、以後洋服成立の過程を読むことは、大変興味深い。

60　バイキングの人種的考察：図〔60A〕

人種としてのバイキングは北方系、元来はローマ帝国によるゲルマニア地方（古代ドイツ）に居住した諸部族で、現在ドイツの北部、デンマーク、スカンディナビア南部地帯に居住していたインド・ヨーロッパ系・アーリア人が始祖でされる。

アーリア人と宗教

アーリアは「高貴なもの」の意を冠して名付けられたもので、元々は言語面の類似性による区分けにすぎなかったインド・ヨーロッパ語族の一派。騎馬に長けたアーリア系一部族は、インダス川を南下してインドに入り、ガンジス川を基に4つのヴェーダを根本聖典としたバラモン教を確立。政治や軍事に勢力を発揮していく。バラモン教とは、雷火雨水など自然界の諸物を神と崇拝する多神教で、前500年頃、サンスクリット語で書かれたインド最古の宗教文献4大ヴェーダが成立している。また前1500年～前600年頃、この聖典を根本にヴェーダ時代と宗教の形が整っていく。後インドにバラモンを最高身分とするカースト制、バラモン（司祭者）・クシャトリヤ（王族、貴族、武士）・ヴァイシャ（農業や工業に携わる庶民）・シュードラ（隷属民）を設ける。

なお、ヴェーダの中には、今日のアート・芸術の原義的「アットマンの教説」がある。これは「個我の境地の会得・美的価値を創造表現しようとする人間の活動およびその所産を持て…」と私考している。すなわち、無我の境地に入れる程の芸の技、歌舞音曲・美術・工芸等の素養を持てという説で、具象の一例に、イスラムのスルタン・君主、女帝なども芸術的特技を持ち、文字のない口伝承の遊牧社会では、吟遊詩人が情報の伝達役を担うエリート的地位にある。

ケルトとゲルマン系鉄器

中央アジアの草原から馬と車輪付き戦車・馬車を持ち、ヨーロッパに渡来したインド・ヨーロッパ系ケルト語派民族で、5世紀頃までアルプス以北とヨーロッパの大部分バルカンまで居住していた。

［60A］鉄器文化の遺産とされる車輪はタラニス信仰ケルトの一神で、天上神と太陽（雷鳴・戦争・炎・死・空の神）がその由来とされ、奉納品の車輪がベルギー聖地で発見されている。紀元前500年頃北欧に鉄器が渡来、これ以降ケルト鉄器期（前ローマ鉄器期）の頃から集落の形成も進むとされる。

［60A］

紀元前後に入ると、北欧とローマの接触があり、北欧からは毛皮、琥珀など、ローマらからは祝杯やワインがもたらされたと考えられている。(またデンマーク内の沼地からは中国少数民族トールン族の名も見られる100体以上の湿地遺体の発掘もされている。)

しかし5世紀頃から、ケルトはローマの支配下に入り、またゲルマン族の圧迫で次第に衰退し、現在アイルランド、スコットランド、ウェールズ、ブタルーニュなどに散在する。

なおゲルマン系とは、同じインド・ヨーロッパ系の民族でも、紀元4～5世紀北ヨーロッパに住んでいたフランク・サクソンなど多くの部族からなり、後に民族大移動でケルト人の住むヨーロッパを席捲した。西ローマ帝国の没落をもたらし、ゲルマン鉄器期と名も変わる。

61　バイキングの活動概略：図〔61〕

[61] ノルマン人のバイキング：スカンディナビアおよびバルト海沿岸に住み着いたゲルマン人をノース人と呼ぶ。793年、おそらくノルマン人により、西ヨーロッパ、ブリテン島東岸のリンディスファーン修道院へ最初のバイキングが襲来したという記録が『アングロサクソン年代記』に見える。5世紀頃ドイツ北岸、デンマーク南部よりグレートブリテン島に侵入したアングル人、ジュート人、サクソン人のゲルマン系3部族をアングロサクソンと呼ぶが、サクソン人がイングランドの基礎を築いたといわれる988年にはダブリンが建設される。8世紀にオークニー諸島やシェトランド諸島、9世紀にはフェリー諸島やヘブリディーズ諸島、東アイルランドにも進出、874年にはアイルランドのケルト人と共に定住を始めた。

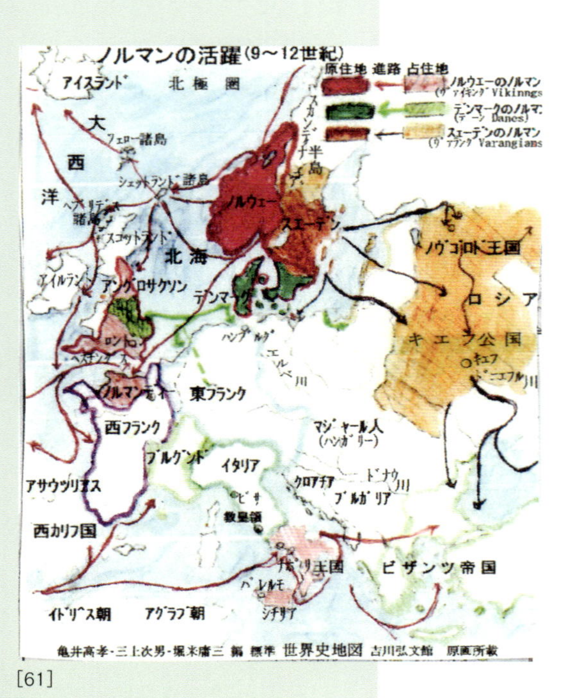

[61]

これから約2世紀半の間、西欧各地はバイキングの襲撃を恐れることになる。9世紀にはフランス北西部にノルマンディ公国を建国。11世紀イングランドを征服して、ノルマン王朝を築いている。

[デンマークのデーン人](図61緑色部)少なくとも4つの部族と推定され、その文化圏は現在のデンマーク、ホルシュタイン州、南部・西部スウェーデン、東部ノルウェーと広大な地域に居住したノルマン人の

一派で、9世紀頃から西ヨーロッパ一帯を襲撃、またイングランドにも侵攻、デーンロー（黄色部の定住地）を築き、1013年デンマーク王・スヴェンがイングランドの王となる。

［スウェーデンのバイキング］スヴェア人とも呼ばれ、北方ドイツやフィンランド、東スラブ領土へも進出した。またルーシ国家の創設に深くかかわるのも事実である。さらに9世紀には河川を遡り、バルト海と黒海を結ぶ陸上ルートも支配する。

11世紀、デーン人の父と母をもつ西スラブ・ポーランド人王族であるカヌート大王は、イングランドとデンマークを結ぶ北海帝国の王となり、またノルマンディーの騎士ロベールは南イタリアに渡り、その子孫達は後にスペインに支配されるまでシチリア王国を築いている。

13世紀までには、ほとんどのノルマン人は王または貴族となり、初期の自由独立精神は失われ、消滅あるいはそれぞれの国・地域に同化していった、といわれる。

62　ノルマン・コンクェストから読む武装：図〔62ABCD〕

［62ABC］

航海術に長けたノルマン人はセーヌ、ロワールとフランスにおいても河川を遡り、海賊行為を繰り返すが、9世紀、西フランク王シャルル3世自らノルマン一派のリーダー・ロロに、セーヌ河口のノルマンディー地方を与えた。以後、ノルマン人の河岸襲撃もおさまり、ロロはノルマンディー公国ウィリアム公として、またフランス王摂政の娘を妻とし洗礼を受け、フランス内で不動の地位を確立する。

ウィリアム公はやがて国王ハロルド2世の（アングロクサソン系）イングランドを征服（ヘイスティングの戦い）。1066年ノルマン人によるフランス、イギリス両国 を統治するノルマン朝が始まり、これをノルマン・コンクェスト（征服）という。（検索）

［62B］鎖帷子

A　イングランドにとって歴史的記録でもあるコンクェストの様

［62A］バイユーのタペストリー

子が、今日バイユーのタペストリーとして、またフランスの国宝としてバイユー大聖堂内のバイユー美術館に保管・展示され、一般にも公開されている（リンネルに刺繍された幅約5 m、長さ約70 mの長い織物）。その終盤の一場面で、馬上のノルマンディー公がイングランドのサクソン軍に立ち向かう征服場面であり、両軍ともども鎖帷子と盾の武装がある。

B　古代ローマのケルト系騎士が着用する実物で、中央アジア・ベンジケント出土の鎖帷子である。

C　前5～4世紀のスキタイ・サカ族の文化が明瞭に伺える、黒海北岸イッシク・クルガン（アルマ・アタ市東）発掘、金の鎧復元の黄金人間である。

その埋葬について、戦士は木棺中に伸展葬で頭を西に向けて納められていた。その帽子はDの馬型、豹型、野羊型、山羊型や鳥型で多くの金製飾板で覆われていたとされ、Cの左上三角の鱗状端の小粒を鳥の羽毛と見たて、青銅地の金の飾板が、短い皮の上着の全面と膝下の脚絆にも縫い付けられている。

また、帯は疾走するカモシカ模様入りの金製飾板からなり、ズボンと長靴の胴にも金製飾板があったといわれる。この黒海北岸は錬金術発祥の地でもあるイラン系遊牧民、武器や車、馬具を発達させ、動物意匠を好み、ユーラシア内陸地帯に広く伝わる。

また当地の文明を「四大文明」に次ぐ「第五の文明」とする考えや、さらにインド・ヨーロッパ族（アーリア人＝イラン人やインド人の祖）の源郷と主張する学者もいる。これを洋服搾衣の原型と見、上着の成立にも留意してみたい。

[62C] 黄金人間

[62D]

63　ノット（結び目）・綱に読むハンザ同盟・バイキング：図〔63ABC〕

スカンディナビア半島の西側、大西洋に面した細長いノルウェーの国土は、凹凸のフィヨルド（峡湾）と標高150 m以上の山が国土の5分の4も占め、非常に可耕地が少ない。男性は海に出ざるを得ず、河岸沿いに木帆船を進め、アイスランドにも到達している。そのノルウェーの南西端ホルダラン県の南西から北東に向け深く裂けたフィヨルドの奥に、天然の良港ベルゲンがある。12世紀、北海・バルト海に面する都市間交易に、北ドイツを中心とした商人による組合「ハンザ（団体）同盟」が成立した。

「1143年、最初に同盟の主導権を握る北ドイツのリューベック商人はベルゲンに商館を築き、ノルウェーの鱈を南に売却して大きな利益をあげ、さらにリューブルクの岩塩をおさえたことで、塩漬けニシンの交易でも独占的地位を誇っている。1358年、ドイツ商人の活動に応じて商館所有都市は増え、西はイングランド（イギリス）のロンドンから、イギリス海峡のすぐ南向かいフランドルのブルッヘ（ブリュージュ）、ノルウェーのベルゲン、東はルーシ（ロシア）のノブゴロドに広がり、4都市を「外地ハンザ」・またハンザ同盟四大重要都市・交易の根拠地として、その勢力はヨーロッパの内陸まで及ぶ。15世紀最盛期のハンザ同盟都市は200を越えた」

とある。

中世後期フランドルとの織物交易でも繁栄、ベルゲンには各地から商人、職工が集まり、港湾文化都市として栄え、今日商館の並ぶベルゲン旧市街は世界遺産となり、ハンザ美術館には当時の職人の生活がそのままに残されている。

A　“Knot”は先に結び目のある綱・ロープで、一定期間商館での修養・奉公を終え、一人前の有能な職人の証に授与され、三つの鍵の付いたチェスト横につるして置くという。広くハンザ商人に通用する名誉の証が1本のロープ・綱（束縛・絆などの象徴）となっている。

B　ハンザ同盟のシンボルは尖塔であり、デンマークの首都コペンハーゲンには縄状の尖塔がそびえている。

C　19世紀も後半、ドイツ国王ルートヴィヒ二世は、オペラ劇場設立案など情操教育につとめた人物のようで、正装時の縄状の肩章はB・Cとも同観念に思われる。

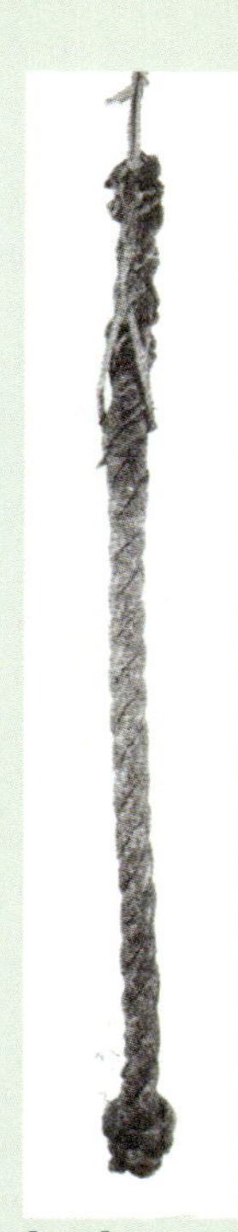
［63A］“Knot”

［63B］縄状の尖塔

［63C］ドイツ国王ルートヴィヒ二世

64　ハンザ同盟のシンボルとんがり帽：図〔64ABCD〕

［64A］フランドルはハンザ同盟四大重要都市の一つ、バルト海から北海に出る玄関口に位置するブルージュ（仏語）またはブルッヘ（英）は、古来のフランダース地方・ベルギーの代表的な古都で、今日世界遺産となっている。9世紀の頃フランドル伯に始まる後継諸王により教会が建ち、城塞も築かれ、伝統的毛織物・レース産業のほか、造船業も盛んで、イギリスや北欧と内陸を結ぶ拠点港として栄えた。1277年には、イタリア北西端のジェノヴァ商人も加わり、地中海世界のオリーブや葡萄酒、東アジアの香辛料が、逆にフランドルからは毛織物が運ばれ、金融・貿易の一大拠点港として繁栄を見た。富裕になった市民の力で町の真ん中に建つ高い尖塔・鐘楼は成功の証となり、ハンザ同盟初の自立・資本主義社会のシンボルとなっている。

［64A］ベルギーの古都フランドル

［64B］北ドイツの港湾都市リューベック

［64C］ロンドンのウェストミンスター宮殿

［64D］ベルゲンの民族衣装

［64B］リューベック湾に面する海港で、かつては造船産業でも繁栄を見る北ドイツの港湾都市リューベック。町の象徴である三角錐の尖塔が並立するホルスティン門には、ハンザの盟主ホルシュタイン等が結んだ条約「内に結束を、外に平和を」が記されている。

また14世紀、社会的弱者のための、市民による市民の施設として建てられた「聖霊病院」はドイツ初の福祉施設であったが、他の教会をはじめ公共施設の屋根は、前記7・8・9とも同種の三角錐が林立している。

［64C］ロンドンのテムズ川沿いにあるウェストミンスター宮殿は、11世紀半頃エドワード懺悔王により建設、後ノルマンディー公ギョーム二世はイングランド・ウィリアム一世として即位、宮殿を住まいとする。首都ロンドンはハンザ四大商業都市に発展。政治、宗教の中心地として、議会制民主主義誕生の舞台となった建物で、現在のイギリス国会議事堂でもある。またA・B同様の尖塔・ゴシック建築の塔が林立する。

［64D］前記63ベルゲンの男性民族衣装。房飾り紐の付くハイソックスと赤ボンボン飾りの付くニット製のとんがり帽はこの地が発祥とされ、中世、港湾都市からすぐに丘陵上の住まいまでの昇降には、常時ハイカーのごとき足元であることが必需の様式となった。またとんがり帽＝自主のシンボル尖塔、ひいては62C黄金人間頭

頂の、豊穣祈願の稲穂を想起させる。

65 ノース人・ノブゴロド・北方文化の南下：図〔65ABC〕

「ノース人 Norsemen.Nors とは、北欧に住む古代スカンディナビアの人々で（主にノルウェー人、スウェーデン人は呼び名の区別で人種的に境界はない。言語的には北ゲルマン語群のノルド語と考えられ、古ノルド語はデンマーク、アイスランド、ノルウェー語に変化する）、名称の由来は「北方からやって来た人々」でバイキングも含まれる。フィンランドをはじめ西はカナダやグリーンランド、東はウクライナやエストニアまで進出、各地でノース人の国をつくった。特にスコットランドに渡ったノース人はケルト系民族と混合して、独自の民族社会をつくった。」

[65A] ロシア最古の都市の城壁

[65B] 日本・国立京都国際会議場

[65A] ノブゴロドはハンザ同盟東の重要都市でありロシア最古の都市の一つである。A はその北方ヴォルホフ川とイエレナ川の合流点、ラドガの港に建つ三角屋根の古いクレムリン（城壁）で外洋船も停泊。かつては木材や蜜蝋、最大は毛皮の輸出で東ヨーロッパでも豊かさを誇った交易拠点港。また現在ロシア人起源の一つルーシの都でもあった。

9 世紀以降バイキングたちは、バルト海から航海し、ネヴァ川などからラドガ湖、港を経て、さらに水系から水系の間の最も距離の縮まる地点で船や荷物を川から上げ、低い分水嶺を越えて運び、隣の川へ下ろして、航行を続けノブゴロドへ。

さらに川伝いに南方の黒海やコンスタンティノープルからカスピ海にも至り、この交易路が「ヴァリヤーグ（バイキング）からギリシャへの路」と呼ばれる水陸交易路、である。

古来、人力、陸路による通商経路が中世バイキングによる水陸両路の交易活動で、特に黒海北岸ウクライナ辺が発祥とされる錬金術・車輪などを持っての機動化。またケルトから継ぐゲルマン鉄器文明の発展が、やがて 18 世紀イギリス産業革命の機械化を招く。今日ハンザ同盟（バイキングの）商業都市に聳える三角屋根・尖塔などは民主・福祉社会建設のシンボルと解釈できようか。

[65B] 日本でも 1966 年初の国立会議施設として開設された国立京都国際会議場の屋根が三角錘の尖塔であることに気づいた。

[65C] デンマークの服飾誌に見る、ケープの付いたニットの長いとんがり帽は、グリーンランドからの渡来とあり、同時にとんがり帽は北方発のクリスマス祭事の象徴的装いと解釈できよう。

[65C]

[66A]

[66B イ] スコットランド高地人の格子縞肩掛

[66B ロ] plaid 肩掛けの着装法

H 衣装立体化への道

66 タータン・プラッドの渡来：図〔66ABイロCイロ〕

[66A]

今日イギリス（スコットランド）兵士を代表するタータンの原点的衣装は、古代のギリシャ・アテネ学識者が装った大幅一枚布の巻衣トガであり、さらに以前はインド・サリーの巻衣である。その衣は白麻のシャツにサフラン色（過度にならないようの花言葉）の大幅の布をスカートから続いてウエストに帯や腹巻きのごとくに巻き、布端を左肩に掛け、さらに左手に円盤の盾（reflected：光の反射板でシャマンの太鼓に由来と推察）、右手に剣など兵器を持っていた。

[66B]

1720 年エンジニアの Edward Burt が、北方の紳士（有閑階級）の書簡に見つけたという図で、Highlanders dressed in tartan plaid・スコットランド高地人の格子縞肩掛け‘kilt’を覆ったリーダーの率いる部族集団が、雪のぬかるみの道（road 人生・冒険の象徴）を進む姿で、ゲール人である。

イ　ゲール人とは、スコットランドの西隣り、アイルランド北に移住してきたケルト系民族であり、また東方で刺青をする移住民、ウェールズ語では襲撃者の意味もある。後世、大ブリテンでは多様な民族、伝統の混交を見る中、ケルト人は言語と文化を統一したとあるが、ゲール語は近年まで残っていたようである。

ロ　プラッド・plaid 肩掛けの着装法は、①地に置いた革ベルト上に、②布のウエスト部に襞を畳みつつ置き、③その上に人が寝、④革ベルトを締め、⑤上部の布を覆いつつ立つ。その姿を‘羽を広げた鷹’という。今日でも、フィンランドで雪上に大の字に寝て、腕を上下、足を左右に振り動かし、雪上に残った人型を‘羽ばたく鷹’という趣向の遊びがあり、キルト伝来の痕跡のように思える。

[66Cイロ] イ　3 世紀に発掘したという Tartan・タータンの原型的縞模様のあるウール断片は‘tiret kind of cloth’‘餌にダッシュする鷹’ともまた‘Tartar・タタール’騎馬民族が影響するともある。

ロ　スコットランド初期のチェック‘Linse-woolsey’綿と毛の目の粗い交織物とあり、綾織のジグザグ感、また赤い実をつける‘ななかまど’、黄色い‘シダの茂み’等々、多色の糸の交織は、“秋の原野”を表現する創造的織物で、花言葉は「思慮、分別」とスコットランドの根源的思想を成すようであり、民族および親族、また財の

[66C イ]

[66C ロ] スコットランド初期のチェック

アイデンティティとして、やがてイギリス全土に、また王室の標章的図案としても貴重視され、波及を見るようである。(“HUGE CHEAPE TARTAN THE HIGHLAND HABIT”)

67　キルト・マスケット銃・スポーラン：図〔67AイロBイロ〕

［67Aイロ］18世紀後半、スコットランドの高地ハイランドでは、各地域で自主独立的にHighland dress of belted plaid・ベルト付き肩掛けが、傭兵（給料のために働く人）や兵士の制服として、また一門の連隊化、種族、階級の標章にも各様のタータン・チェック別に着装する慣習が整っていた。イ　家畜の襲撃を見守る従業員の制服は、折り畳んだkilt・キルトでプリーツにベルトが必需。前に毛皮の袋・スポーランsporranが下がり、マスケット銃（旧式歩兵銃）のベルトに肩掛け布・plaidをくぐらせていた。ロ　タータン・チェックは緑・青・黒を基調にしたもので、‘Black Watch’といい、赤・白・黄線などを加えて、連帯・一門を見分ける制服化初のチェックのようである。

[67A イ] 兵士の制服、ベルト付き肩掛けとマスケット銃

マスケット銃　世界史上で戦法の二大発明は鐙（あぶみ）とマスケット銃である。まず、鐙の発明は、安定した乗馬を導き、疾走する馬上からでも武器が扱え、敵に突撃する戦闘力は飛躍的に向上し、広く社会的に騎士の軍事力・発言力も増した。また農耕民国の騎兵であっても、幼少から馬技に親しんだ強靭な騎兵力に対し、容易な乗馬で対抗が叶うことにもなる。

59項の鐙は、ハンガリーで作られた初の金属製鐙で、ハプスブルグ帝国の女帝自ら乗馬を奨励した。騎士優性の中世社会発展の発端に鐙があるといえようか。今一つはマスケット銃で、その発端は1419年～1436年ボヘミアとポーランドで起こったフス戦争（ヨーロッパでも商工業が発達した地方間で、またカトリックとプロテスタントとの宗教戦争）において必要に駆られての発明であり、従来の爆

[67A ロ] 緑・青・黒基調の ‘Black Watch’

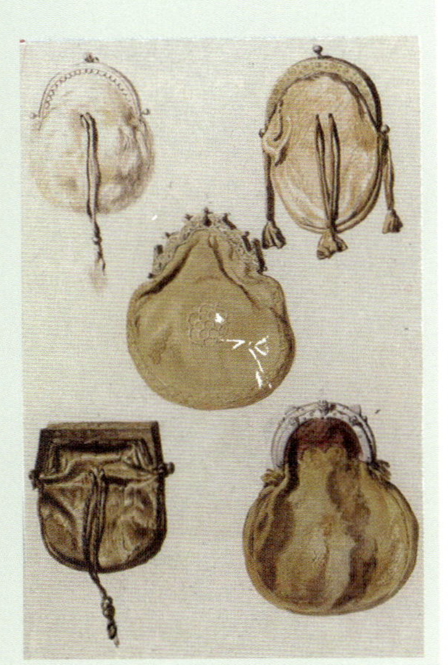

[67B イ]

[67B ロ]

発音で人馬を驚かす鉄砲にくらべ、銃口から火縄などで点火され、弾丸を発射する消音銃であった。

また鐙同様、ほとんど訓練が不必要であることと、農民たちでもプロの歩兵戦闘で互角に戦えたが、農民は幾度となく苦杯を舐めさせられたこともあった。

Aイのマスケット銃の兵士制服からは、実戦的戦闘の姿は伺えず、スコットランドの穏やかな集団農耕業発展の背景が読み取れる。

[67Bイロ］イ　Sporran・spori（胞子、種子）が原義である毛皮の小袋は、キルトに必需で、当該期の口金付き小袋は、海洋交易の発展による金属機器の伝来、さらに大きくいえば、錬金術の一大文明渡来開け筆頭の証のようでもある。

ロ　今日の Pouch・小物入れも「1299 年には漁獲用の罠」の意もあり、キルトには必需になっている。横浜開港時、チンチン電車の車掌のポーチや女性のバッグも、その発端はここにありといえようか。

68　キルト成立とバグパイプの語るもの：図〔68Aイロハ B〕

[68A イ] キルト（著者所蔵）

[68Aイロハ］イ　66A のごとき一枚布のタータンも 18 世紀後半には、裾で 2 cm 間隔のオールプリーツ（ただし、腹面だけプリーツなしで、厚手羅紗地に裾の折り代がなく耳端のまま使われる）の巻きスカート状とショールに分かれる。ロ　スカートとショールに分離したタータンに、さらにコート、ベストがつき、皮の小袋、ナイフに加えて、バグパイプを持つと管樂器奏者・Bagpiper となる。（古来文字を持たなかった遊牧系社会では、吟遊詩人が報道役を担うエリート的立場で、楽器の中でも弓を曲げて造ったであろうとされるハープを手にハイランド北方に渡来とある。）

後にハイランドではバグパイパー＝兵士といわれ、氏族間の争いの先頭に立ち、大音量の演奏で兵士たちを鼓舞する大役を担い、パイパーが倒れると、後の兵が変わって楽器を持ち、敵に自軍健在を誇示して高らかに吹き続けたという。

ハ　後世イングランド王宮衛兵の、ラッパの音も高らかなパレードとは、管楽器、打楽器で編成された軍楽隊が先頭に立ち、野外で誇らかに行進曲を奏でつつ、将兵の慰安、士気の昂揚をはかったもので、このロのバグパイパーに発端がある。

［68B］63 ～ 65 にも記したように、中世ハンザ同盟商業都市を結ぶ海洋交易、通商によるヨーロッパ社会の経済、社会的生活の著しい進展は、労働組織・グループの標章的制服の必要を促した。兵士にはバグパイプ・風笛、スポーランの小袋のアクセサリーが付き、様式化される。この描画はブルターニュの情緒豊かで富裕な生活情景で、パイパーはベスト、ブラウス、ジャケットも加わり、右隅に編み物する女性、ニットの靴下も見える。

なお、特に中央の鉄鍋、幼児に食物を注ぐスプーン、バグパイプの吹口、鳩時計、ポットなどの金属機器、これらにはかつての神中心のカリスマ的思考は後退し、金属生活機器普及と機能的デザインの出現、やがてイギリス産業革命に繋がる、近代幕開けの兆候をキルトにも見いだすことができるのではなかろうか。

［68A ロ］古来のバグパイパー

［68A ハ］イングランド王宮衛兵の軍楽隊のバグパイパー

［68B］ブルターニュの富裕な家庭生活情景
LA BRETAGNE,UN MONDE A DECOUVRTR
“ Ar Men” 所載

［69A イ］　［69A ロ］

69　デニッシュから男性社交着成立：図〔69Aイロ BCD〕

［69Aイロ］イ　デンマークの小冊子の表紙に掲載された衣服。

中世フランスのルイ 14 世が前打ち合わせの細かいボタンは止めずに着たとの意から、衣服のことを habit（習慣癖）、仏語では Justaucorps・ジュストコール（ぴったりとした服）が、また後のフロック・コートの前進とある。（田中千代服飾事典）

ロ　イの背面については「衣装の語る鳥」で記したごとく、広い袖口は翼の抽象形態、背面のプリーツは尾羽、膝下のハイソックス姿でヨチヨチ歩む鳥の姿の観念形態を想起させる。

［69B］1918 年デンマーク・コペンハーゲン近郊の Hestedoster の農場労働者が、イギリス探検家キャプテン・クックの着ていた服（Aのようなもの）を模しつつ、過剰な装飾を省き、Peasant costumes・農民服として創造した。やがて秩序ある服となり社交着に発展した。また北海からドイツを仲介としフランスに及んだ白布の交易は著しく、この上着に衛生的な白いシャツも加わり well-dressed となり、上品な格式ある儀式にふさわしい服として、広くヨーロッパに波及した。

また細い袖は機能的に変化し、背面のプリーツ、２本のハイストッキング姿に鳥の足を見いだせ、さらに黒のシルクハットは滑らかな鳥の胸毛のごときサテンか、シール地が必定で鳥の頭を想いおこされる。

［69B］秩序ある社交着の発展

［69C］　スウェーデンの南西端 Sverige は、最もデンマークに隣接する地方。1940 年頃の都市一景のようで、Bのごとき膝丈のズボンに膝丈コート、縞の布地をかつぐ行商人が、左の縞のスラリと長いズボンにスカーフの上品な紳士に見入っている。約 20 年で、脚部がソフトな縞ズボンに変わり、今日の昼間の服装が整ったようである。

［69D］Aから発展した Frock-coat・フロックコ

［69C］格式ある礼装の発展

［69D］イギリス紳士のフロックコート・聖職服

ート、イギリス紳士狩猟の景である。フロックの語意には袖口の広く緩やかな聖職服、婦人、子供のワンピースなども入り、またfranc（自由な、寛大な、義務のない。フランク族がガリア〈Gaul〉における唯一つの自由民であったことに因む）ともあり、衣では揺らぎを指している。

またCoatは1330年には（袖付き）上着、外套、1393年には（獣の）外皮、なおゲルマンではcotze = coarsewoollen garrmento（牛の尻が原義、羊の毛製、保護する、覆う）、coat armourで62Bにも記す鎖帷子である。これらの語源を通じて、男性上着とは、窄衣の鎖帷子に始まり、常に部族の自主、独立、繁栄祈願を背に秘め、外敵に挑む晴姿を表している。後の背広・ビジネスウエアの真理がここにもあるといえようか。

［70A イ］　［70A ロ］
デンマーク農園婦人の晴着（社交着）

70　エプロン付き祭儀用民族衣装の成立：
図〔70AイロBイロCイロハ〕

［70Aイロ］前項の男性社交着と共にデンマーク農園の婦人にも晴着（社交着）が成立していた。

イ　特にハンザ商人による織物交易産業の振興によって、多量な布使いの下半身のペザントスカート、農民風スカート（スカート丈×ウエストの2倍位の矩形のギャザースカート）を覆う白布の大型エプロンが付く。ロ　シャツの発生と共に現れる白布エプロン。その後ろは僅かに下部を残して覆われるが、前記coatの語源cotze・牛の尻が原義に準じてか、シッポのごとくに立派な蝶結びのリボンが付いている。（第2章D「Lineの語る呪的性」、41C参照）フードは図65Cニットの防寒用がグリーンランドからの渡来品である。

［70Bイロ］イ　スウェーデン中部の都市ウプサラにある、北欧最古の大学であるウプサラ大学の学生が、晴着にAのごときエプロンの必要性是非を問題視する図である。（同大学は16世紀宗教改革の混乱中一時閉鎖されるが、1622年文化的指導者と高名なグスタフ二世アドルフによって建てられたもの。）

［70B イ］

［70B ロ］ビクトリア女王のきめた民族衣装

ロ　英国の最も輝かしいビクトリア朝は、政治、経済のほか、文化・技術面でも優れた文化を生み

［70C イ］サテン地　紐通しつきベスト

［70C ロ］サテン地　背にプリーツ

［70C ハ］黒いベスト　赤いボンボンつき

［71A イ］

出した。ビクトリア女王（在位 1837 ～ 1901）は、価値あるものと放棄を止めて、この図のごとく白ブラウス（49C も）にベスト、ペザントスカートにエプロン付きを民族衣装に決めた。

［70C］以後、Bロの様式に準じ、各都市各様の布や技が加わった。イ　スウェーデンの RAVIA 地方では、紺の光沢あるサテン地のエプロンに、紐通しのベスト明きがオリジナルを誇る。

ロ　MASKUN 地方はサテン織りの赤と緑の縞が美しいベストのやや高い背のプリーツが特徴。ハ　HIITOLA 地方では、黒のベストとスカート、エプロン裾のドロンワーク、赤いボンボン付き組み紐も楽しく、すべてがシックな技法との賞賛の声を得た。

71　白布とヘッドスカーフ：図〔71Aイロ Bイロハニ〕

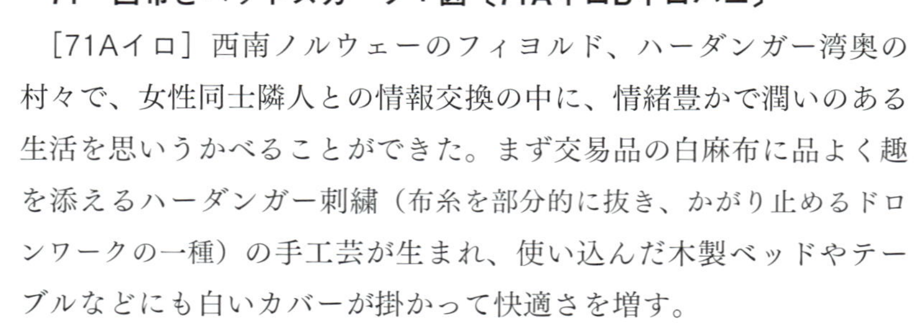

［71Aイロ］西南ノルウェーのフィヨルド、ハーダンガー湾奥の村々で、女性同士隣人との情報交換の中に、情緒豊かで潤いのある生活を思いうかべることができた。まず交易品の白麻布に品よく趣を添えるハーダンガー刺繍（布糸を部分的に抜き、かがり止めるドロンワークの一種）の手工芸が生まれ、使い込んだ木製ベッドやテーブルなどにも白いカバーが掛かって快適さを増す。

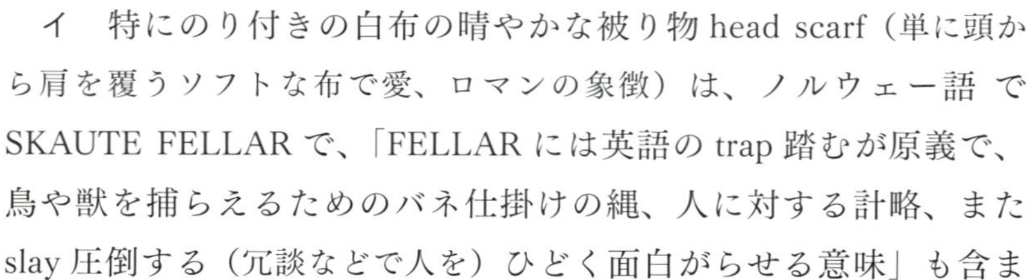

イ　特にのり付きの白布の晴やかな被り物 head scarf（単に頭から肩を覆うソフトな布で愛、ロマンの象徴）は、ノルウェー語 で SKAUTE FELLAR で、「FELLAR には英語の trap 踏むが原義で、鳥や獣を捕らえるためのバネ仕掛けの縄、人に対する計略、また slay 圧倒する（冗談などで人を）ひどく面白がらせる意味」も含ま

［71A ロ］ノルウェーの婚礼風景

[71B イ] 作業時のコアフ

[71B ロ] オランダ レースのコアフ

[71B ハ] チェコのコアフ

れている。

したがって、このスカーフの意には、農園の女性が獣を操る縄・鞭を振り、馬車（男）を走らせ、従来の男尊女卑的立場の逆転を叶える姿、しかし反面 slay の冗談で、人を面白がらせている図にもなっている。ロ　ノルウェーの婚礼の風景。右二人の晴やかなヘッドスカーフの形は、既婚女性各自の案で折られるもの。花嫁の手に掛かっている黒絹糸のハーダンガー刺繍の布は、'scarfed as a wife' 妻のスカーフのようである。また 70 に記す白布のエプロンにも裾に幅広いハーダンガー刺繍が施されている。

[71Bイロ] イ 67 のキルトに似て、ブルトン人（ケルト系の移住民とされるブルターニュ）の農婦が、東方の華麗な祭儀用コアフではなく、厚紙で補強し、ゆったりと光線を包囲する作業用の coif・コアフ（発祥は修道女等がベールの下に被る通例白のずきん、中世の鎖ずきん）を作った とある。ロ　港湾都市オランダはレース編みにイのごとく、のり付けで張りを持たせている。ハ　チェコのコアフはカットレースが付く。ニ　同じチェコの女性祭儀の様式は、白布のエプロンとコアフ。またジプシーの特技である籠も加わる。これらの白布は、1960 年女性の自主・地位向上を目指して、北欧女性の間で創造され、民主的近代生活への幕明けを標章しているともいえようか。

[71B ニ] チェコの女性祭儀装束

72　大地の恵みの表象ベスト・民族衣装：図〔72ABCイロD〕

［72ABC］ハンザ商業都市を結ぶ海洋交易はユーラシア大陸の資源・資材の交流であり、71A　例えば白布のごとくにデンマークを中心に西は北海沿岸（イングランド、ノルウェー、フランス、オランダなど）へ、東はバルト海沿岸（スウェーデン、フィンランド、ルーシーなど）へと布地、金属品が流入した。一方、集団農漁業の結束も進み、村々に民族衣装が整うようになった。A「北方の獅子」と呼ばれたスウェーデン最盛期の国王グスタフ二世アドルフ（在位1611～1632）はレース縁飾りの白カラー付き、パネル線（船の羽目板上の切り替え線）の入った裾広がりのベストを着ている。

Vest・ベストの語源について 、英語語源辞典で調べると、

① 1613 年頃の用例は外衣、長上衣　② 1666 年頃の用例は袖なし服、ベスト、チョッキ（Pepys の日記によれば「貴族に節約を教えるために」チャールズ二世が導入したとある）③ 1719 年 INVEST で人、金などを投資する、権力、性質、地位などを与える。また人に特別な服を着せる、兵士［船］で取り囲む。

Vested で

① 1671 年祭服を着た、②特に王、高官の制服。vesture で① 1380 年衣服② 1455 年法的に（家屋・樹木・鉱山以外の穀物・牧草などの地上育成物に対する）土地収益［占有］の語があり、当王のベストが語源の具象形と伺える。

B　ノルウェー、アーケスフース・AKERSHUS 地方の民族衣装は、羊毛材の羅紗地スカートとジャケット、エプロンは緑絹糸の手織機によるベルベット状、男性ベストの黄色も絹地で、52 に記す天蚕糸・大地の恵みの象徴スートラである。また赤のベストは Berry（鮮やかな実の色・イチゴなどの核のない小果実、リンゴと共にアングロサクソン人の果物）とあり、神秘・英智・豊穣・誕生の諺

［72A］

［72B］

［72C イ］

［72C ロ］

［72D］

を持つ。

Cイ　ノルウェーのエストフォル・ØSTFOLD 地方では手工芸・刺繍学校も開設している。その学長のベストとスカートで、模様は茶色の大地に稔る大麦、特に背は玉ねぎの花であり、腰の口金つきポシエットは社会進出の象徴として、広く女性の民族衣装に付くようである。

ロ　モスクワのクレムリン、ウスペンスキー大聖堂の尖塔は背の模様の onion・玉ねぎで、天まで届けとばかり、すっくと伸びるネギ坊主、または大きな真珠、leek ポロねぎ、ウェールズの国花でもある。

上記のごとくベストとは大地の稔りの証であり、農耕民の収益の旗印といえようか。また丈の短いことから waist coat の語もあり、立体的上着の発端とも伺える。

［72D］バイキングが安住の地とし得たアイスランドも、1918 年デンマークの主権下に入った自治国家として、北欧諸国と同じ豊穣の証しであるベストの民族衣装である。

73　ブルターニュの金モールとレース：図〔73AイロハBイロハ〕

［73A イロハ］イ　ベスト、白ブラウスの民族衣装から一変し、フランス西端ブルターニュ Bretagne では、黒絹サテン地に金モール糸で、鳥を網で捕らえた模様が胸にべったり刺された上半身に変わる。しかし残念ながら、その理由は究明し難い。ロ　海原に砕ける白い波しぶき・泡を象徴するレース編みのコアフが、金モールと共にフランス民族衣装創案の象徴である。ハ　ブルターニュ観光の道すがらレース編みを生業（なりわい）とする女性を目にした。編み物は漁師の網の修理にはじまり、やがて女房が漁師の衣の調達に用いることで

［73A イ］

［73A ロ］

［73A ハ］

[73B イ]

発達した。まさに大海原での労の賜、標章の旗印。後世シェフのステータス・シンボルでもある。

[73Bイロハ] 1451年頃毛織物職人の一家で、イタリアのジェノヴァ(64Aのハンザ同盟都市の一つ)出身の探検家、航海者としてのちにアメリカ海域に到達したコロンブスは、ポルトガルのリスボンから出港している。イ コロンブスが漂着したカリブ海小島、インディオ(西インド諸島)には、大きなハート型金飾板の胸当ての装いとがある。また彼はスペイン帰還時、国王への調査報告後「コロンブスはインディアンから強奪した金銀宝石、真珠などの戦利品の10分の1を手に入れ…」とか、次の航海目標に「彼ら(国王ら)が必要とするだけのありったけの黄金、彼らが欲しがるありったけの奴隷を連れてくるつもりだ。」などの言葉から奴隷商人であったとの説があるとか…。しかしここにアメリカ新大陸へのニューフロンティア、ゴールドラッシュの始まりを見るようでもある。

ロ ポルトガル祭儀用民族衣装には、金細工のアクセサリーズがAイの金に似て胸と下腕にびっしりと下がる。

ハ この街はBイ胸のハートと同形のペンダントを筆頭に金銀モール細工が特産物でもある。

福井県民家から入手したとされるキリシタンのものとみられるハート型金モールのワッペンが、神戸市立博物館に見られた。「金モールの路」の来し方を思案しつつ、この衣こそ海洋文化の主バイキングの試金石・民族の旗印ともいえようか。

[73B ロ]

[73B ハ]

74　教会＆Organicの背景図：図〔74AイロハBイロ〕

[74A イ]

オルガンの語源を語源辞典で調べると、① 1667 年：Paradise Lost・天国へ消えた。② 1338 年：パイプオルガン。③ 1392 年：動植物の器官、臓器。④ 1425 年：手段、道具、機関。⑤ 1601 年：人、動物の発声器官。⑥ 1788 年：組織、政党、教団などの機関誌・紙、マスメディアなどとある。

［74Aイロハ］イ　ルーマニア・ロシア正教バレンタイン教会の外形は、羊が膝を曲げて横たわる姿。その左側の後脚・尻尾（シッポ）部が出入口で、そこから羊の胎内（有機体）に入ると、語源③の生物の鼓動・心音として、教会必需の語源②パイプオルガンからは途切れることなく、⑤心臓の音が聞こえている。また語源⑥今日のマスメディア的機能を果たし、村人は教会③の羊の胎内・Organizeに包まれ、生活の安穏、羊に抱かれて、昇天し、天国へ…が、語源④教会デザインの設定になっている。

[74A ロ]

ロ　ネイティブアメリカンの「心のオルガン」といわれる毛皮のショールで、動物を切開した裏皮の中央に、赤で頭部から尻尾にかけ縦線が描かれている。すなわち語源①天国へ消えた、語源③動物の器官、臓器の血管が、また語源⑤人、動物の発声器官が抽象的に今日の五線紙のように描かれる。すなわちオルガンとは生物の心音で、パイプ（血管）に繋がるのが必定といえようか。

ハ　ブルガリア、シェフのワインのつぎ方で、右手先を外すと、左上心臓形のグラスから赤いワインが滴る。あたかも心臓から血管を神の血が滴るようで、実にパイプオルガン的酒器に驚く。

[74A ハ]

［74Bイロ］イ　奈良の店で天上に保管されるワイングラスは、近年わが国の飲食店でも見られるようになった。また、ロ　17 世紀前半交易港に栄えるオランダで考案された、風車が止まるまでに

[74B イ] 天上から下がるワイングラス

飲み干さないとコップが置けないゲーム用・遊び心に満ちた巧妙・重厚な銀製酒器に、かつて広大な海原に揺れる船中での飲食のために、こぼれぬ器、飲酒器、特に保管への配慮は尋常ではなかったであろう。また閉鎖的空間での心身への配慮も最たるものかと思われる。

交易船で得る莫大な益で建つ都市には、荘厳な尖塔の公民施設が聳えるなど、海上生活の労あってこそ生ずる洋風文化の豊かさがあることをあらためて発見できる。

［74B ロ］ゲーム用コップ

I　コート・上着への道

75　コート・上着とマントルの語るもの：図〔75Aイロ〕

coatの語源について、英語語源辞典では、

> ① 1330年：袖付き上着、外套、② 1393年：Cower獣の外皮、③古仏語cote肋骨、牛の骨付きあばら骨、織物の畝など、④ゲルマン語でKotze（coarsewoollien garment・牛の尻尾状）、⑤ラテン語で'TUNIC'古代ギリシャ人が着た膝上まで届く上着（内的自己の象徴）、⑥ coat armor・甲冑、ⓐ 1328-1639年：紋章付き陣中着、ⓑ 1486年：盾形の紋章など、初めのロマンス語からゲルマン語（一部）に入ったと考えられる、

とある。また70項のベストもウェスト・コート、古代のチュニックもコートであり、結局② Cower獣の外皮が上着の原点となる。

［75A イ］

［75A ロ］

［75Aイロ］イ　2011年、英国ウェストミンスター寺院（11世紀エドワード懺悔王が創建、1245年ヘンリー三世が現在の姿に再建、なおバイキング定着地でのノルマンディ公は、後のイングランド王ウィリアム一世で宮殿に居住）で行われたウィリアム王子の英国伝統結婚式のコートを注目すると、赤コートの王子、右に黒コートの弟ヘンリー王子共々語源。⑥ⓐⓑ肩章の付く陣中着、その後腰中央にスリット（乗馬用機能本意と認識）に、語源③ cote肋骨・織物の畝状（herringbone・ニシンの骨、杉綾織など）があり、王子には④ Kotze牛の尻部、白の立派な尻尾（しっぽ）状がある。左端新婦キャサリンの父親の黒コートの背は燕尾・swallow tailで、その語源にswel…「飲み込む」、また北欧の古い伝説に「燕は十字架の上でConsole！（慰める）と鳴きながら舞い飛ぶ鳥、また燕一羽で夏にはならぬ」とある。

なお新婦の引くtrainは10B記の白い雲、煙などのたなびき・大気である。すなわち動植物溢れ、神の綾なす大地で子孫繁栄の契りを、ロ　神霊の代表者Mantle姿の祭司がつかさどる景といえる。

なお、Mantleの英語源は、①袖なしマント・外套で包む。② 1303年包み隠すもの。③ 1338年権威の標。④ 1789年後継の標、衣鉢（預言者エリア・Elijahがその上着をエリシアElishaに投げ与え、自己の後継者に指名した故事に因む）⑤ 1887年マントル、マントルヒーター・炉棚の意もあり（元来古仏語に因むようで、現在ではMANTELと区別される）、また鳥の肩羽の意もある。

リップス著『生活文化の発生』によると、「屋根と炉は家屋の最も基本的要素で、赤は火を象徴する聖なる物」とあり、この赤い

Mantleの祭司こそは天に舞い上がる炎・神霊の姿、その背は第1章シャマンの呪衣、鳥の風切羽（精霊）・飛翔力具象の姿と、古来のシャマニズムがここにも見出せる。

なお、煙突から突入する赤い衣のサンタクロースも、あるいはインド聖典マントラの語彙にまでも通ずるものかと想像は広がる。

76　タイトスリーブ発生の背景：図〔76ABイロハC〕

[76A]

［76A］ギリシャとはヨーロッパの南東、バルカン半島の南端部が本土および中央部で、その東端がトルコに繋がり、エーゲ海に面して首都アテネがある（この地域は耕地が少ないが銀、大理石の鉱山が富をもたらし、近世の民主・自主的営みを象徴するごときオリンピック発祥の地でもある）。その南に、東西に長いコリントス湾を隔ててペロポネソス半島、またその東に小アジアにつながるエーゲ海を中心に3千もの島で構成され、常に古代エーゲ海文明と繋がっている。ギリシャ西北部にはマケドニア（アジア遠征のアレキサンダー大王出身の地）があり、北東部に夏の降水量の多さが肥沃な土壌を作り、ギリシャ穀倉地帯でもあるテッサリア平原が広がっている。その北側は古来列強の騎馬遊牧民族の歴史をもつハンガリー、ルーマニア、ブルガリア、クロアチア、セルビアなど東欧諸国が隣接し、テッサリアおよびギリシャは多くの民族国家闘争の舞台にもなった。

Aのベストはギリシャの中央部の銀、大理石の技巧で栄える職工の、19世紀中頃の祭儀用スタイルで、背に垂れる2本の硬い筒状袖はHart horn・雄赤鹿の角のアレンジで、これはまた財の証・職工のステータス・シンボルである。

［76Bイロハ］その由来に、至難の崖も容易に昇降し、他の動物が昇れぬ高所の餌も捕る力を持つ偶蹄類の脚（奈良の鹿）が、永年解せなかったトルコ・カフタン（主宰の衣）、タイトスリーブの尖った袖口に通じるものと分かる。すなわち偶蹄類の脚・角が糧を掴

[76B イ]

[76B ロ]

[76B ハ]

み取る力の源泉・スリムな角形の袖のオリジンといえ、ひいてはA袖先の尖りも同意のものと思われる。

［76C］赤鹿はアナトリア半島、カフカス大陸北東部にかけて現存する唯一の鹿といわれ、呼名の原義は‘horned beast’で角のある獣・動物（5歳以上の勢力のある雄鹿）「特にあぶらがのった雄鹿」また「王の御猟でかりたてられて逃げた鹿」ともある。またハプスブルグ家夏の宮殿・シェンブルグ宮殿の廊下壁面には、狩猟動物、鹿の首、毛皮等々、処狭しと掛かり、1本1本の歯も標本に整理、陳列されるのには驚いたが、宮殿を支える糧の狩猟儀礼のあることを実感、このような角形の袖を背に負う着装は、持てる狩猟力の誇示、表象の姿といえようか。

［76C］

77　ギリシャ　テッサリアの袖状ケープの語るもの：図〔77AB〕

［77A］76のギリシャ中央部の職工祭儀用にくらべて、この衣は北東部、古来多民族国家間の闘争にわき、また農耕が行われた地、テッサリアの婦人祭儀用ケープ・Cape（外衣の総称）で、生地は青暗色のインジゴブルー、ウールの縮絨地（毛屑を固め縮めたもの）。特にアームホール状の下部がわずかに固定されて垂れる袖状のものは仏語でマンシュ manche・袖という。なお一勝負（テニスの一セット）、～á air で通風筒、吹き流し、2の訳に柄、取手、（バイオリンの）サオなどの意もある。また両前裾角と両袖山部にある十字架と十字を囲む渦巻状の刺繍がお守りとなる。

［77A］

［77B］そのお守り Crosse の語彙をたどると、仏語で「頭部の曲がった杖、笏杖、司教杖、クリケットのバット、ゴルフのクラブ、羊歯などの曲がった葉先、床尾（銃床の末端部分、射撃の折、肩にあてる部分）などある。イ　B C 1500 年頃アッシュール出土の石膏像「豊穣の神」で、先に獣が下がる２本の棒を捧げ持つ図像。下部左右に同じ２体の小像が並ぶ。

アッシュールとは（四大文明の一つメソポタミア・現在のイラク）その中期から後期にかけて栄えたアッシリア帝国初の都である。強大な軍事力によりトルコからエジプトに至る大帝国に発展した。また遷都もしたが、アッシュールは最も重要な宗教都市として繁栄し続け、今日世界遺産（危機遺産）として登録されている。像の胸元で捧げ持つ杖が、後世ギリシャで 77A の manche・袖・通風筒・ラケットで、また漁の証になるようで、crosse も稔・勝負をすくい取れる小道具・網の付くラケットがお守りとされる由縁。

すなわち、76 の背に負う袖状はまさしく習熟の腕前を誇示・表象するものといえ、今日に発展したテーラードスリーブの上着も、儀礼的正装的、誇り高い栄誉感を秘めているといえようか。

先記 1A ウガリット神話の「両腕に稲穂を掲げ持つ女神」も、イ「豊穣の神」と同観念的像と考える（美術界では非エーゲ海的で、イ「豊穣の神」とも同様式に下部左右の２体の小像がアジア的と、問答の対象となる）。同様に、冒頭 1A「２匹のアンテロープ」も腕がお守りの crosse・羊歯などの曲った葉先のごとくに豊漁を指し、捧げ持つ表象的図像といえまいか。

［77B］

［1A］（再掲）

78　テーラードな袖成立の背景：図〔78ABイロハニホ〕

［78A］このテッサリアの Sarakatsani 村の婦人祭儀用衣は、やや湾曲した 今日のテーラードスリーブ（２枚袖）のように袖状が 背に垂れ、その周囲に縁どられる白線は水流、袖口のスカラップはホタテ貝を意味するとあり、また男性用にくらべて、プリーツスカートとベストとに二分されている。76、77 と同様、北方ギリシャでは、祭儀用のこの角をも模す硬い袖状が、やがて不評を買いながらも時をかけ、袖として西方ヨーロッパへ広がっていく。

［78A］

［78B］イ　袖口の帆立貝の意をたどると、イスラエル人の祖ヤコブを象徴するようで、ヘブライ語でヤコブとは「踵を掴むもの＝人を出し抜く者」の意。またヤコブの息子たち 12 人がイスラエル 12 部族の祖で、イスラエルのことを〈ヤコブの家〉と表すこともある。その伝説にヘロデ王（ローマ帝国初期にユダヤ地区を統治した王）によって斬首されたヤコブの遺骨が船に乗って運ばれた時、船底に沢山の貝殻が付着したのを表すとあり、または聖ヤコブの祀られている、キリスト教三大巡礼地の一つサンチアゴ大聖堂巡礼時のお守りである。ロ　巡礼路の道標に、ホタテ貝がはめ込まれている。ハ　その巡礼者の出で立ちは、日差しを遮る広いつばの帽子と裾長のマント、水筒代わりに瓢箪を下げた杖、肩から吊るした頭陀袋、首から吊るした帆立貝で、このＡ　袖口のスカラップはキリスト・カトリック教徒を標章していることになる。

［78B イ］

ニ　飛躍するが、カトリック浜松教会のルルドのマリア像（聖母マリアの出現と〈ルルドの泉〉で知られるフランス南西部の町）で、前のリボンは、Ａの白線と同観念の水流を表す。ホ　この教会の葬祭事祭司衣の胸飾りも空と水を表すとある。すなわち、古来ギリシャ・テッサリアでスカラップの manche・袖や普遍的救済心をも秘めた祭儀用袖・カトリック的宗教観念が、今日の上着・儀礼的洋服には秘められているといえようか。

［78B ロ］　［78B ハ］　［78B ニ］　［78B ホ］

[79A イ]

[79A ロ]

[79A ハ]

J　コートに付くアクセサリーズ（宗教的小道具）の語るもの

79　ギリシャの大きなお守りの由縁：図〔79AイロハBイロ〕

［79Aイロハ］イ　銀の連弁装飾模様止め具で、斜め十字に束ねられた鎖の大きなお守り。

ロ　アッティカ地方（ギリシャ・アテネ周辺を指す古名）のベストの前明き部分（76の前面）に付く。

ハ　ギリシャ北東部、民族闘争の舞台ともなるテッサリア地方、女性用祭儀衣装の胸元にもベッタリと飾られている。これらは新婦、羊飼い、牧師、船長などのリーダー役に使われる。

［79Bイロ］その由来として、イ　同種小道具の付くガンダーラ仏中の「天部像」（塑像・粘土製）を見ると、現在のパキスタン北西部ペシャワール周辺、インド西北辺境に位置する古代王国ガンダーラ（紀元前6～11世紀間存続）は、東西の要衝であり、インド系・ペルシャ系・ギリシャ系・中央アジア系と多民族が入り込み、多様な文化交流が起きたことでも知られる。

特に1～5世紀仏教を信奉したクシャーナ朝のカニシカ王（在位128～151年）統治下にガンダーラ美術は繁栄し、多くの仏教建造物が建立された。それ以後、中央アジアから極東にまで、アジア全域に仏教美術が広がった。また天部像は宗教ごとに異名を見、仏法の守護神・福徳神の意味合いを持つ（仏教では吉祥天）、如来の化身として、民衆の教化をはかった仏像で、〈両肩にかかる天衣は、額縁のように像を縁取り〉とされる。

天衣とは、自称シャマンの呪衣・鷲ミミズクを模す鳥の精霊（飛翔力の象徴）と、その天衣を胸で斜め十字に縛る綱のごときが、金属技術に長けたギリシャでA　ベスト前の留め具兼お守りとなっている。

ロ　今、一例にヒンドゥー教の一神「ガネーシャ」に同種の鎖を見た。その神話に、「ガネーシャは母神パールヴァティが入浴中であったため、偉大な父シヴァ神と知らず家に入れることを拒んだ。シヴァは激怒し、男子の首をはねたが、後で子の頭と知り、西方に首探しの旅に出、最初に出会った象の頭首を切り落として持ち帰り、ガネーシャの頭として取りつけ復活させた」とある。元来、障害神のガネーシャは父シヴァにより、インドでは有益で温厚な象に置き

[79B イ]

[79B ロ]

換えられるなどの多難事を越え、障害除去、群衆の長また鼠に乗り、富と繁栄、知恵と学問をつかさどる善神に変化する神とある。

また70項にも記したように、北欧祭儀必需の白布前掛け（ビクトリア女王推奨の）が付いて「インドの聖母マリア像」とあり、ヒンドゥーの多神教が伺える。79Aは多少の装飾性を見ても機能的ブローチぐらいの眼に、障害除去、群衆の長、あるいは天空神シヴァの説得「大地では象のごとく貞淑たれ…」との、宗教的観念をも表象しようとするものか。

[80A イ]　[80A ロ]

80　背に負う繍の語るもの：図〔80Aイロ Bイロ Cイロハニ〕

[80Aイロ] イ　前記77・78・79ギリシャ中・北部祭儀用袖状から、立体的上着の芽生えを見るようであった。

ロ　Stratos地方の職工のベストはウール地で、プリーツの白シャツはアメリカ産のキャラコ地である。

木綿の栽培最古の証拠は約8千年前メキシコで見つかっており、ギリシャ人はアレキサンドロス三世の頃まで木綿を知らず、ほぼ同時代のメガステネスが〈インドには羊毛が生える木がある〉と、綿の木に羊が下がる絵をセレコウス一世に教えたという。したがって、北方文化圏に綿は珍品であったことが分かる。

また折られるプリーツも39Bイに記したように鳥の尾の伝播と伺え、78同様背の袖状縁3本の白線は水流で、生命源である。

[80Bイロ] イ　ハンガリーの男性学士の最礼装の背は、79Bイの天衣を背負うごとく前も幅狭く背負う紐にも見え、Aイと同様である。ロ　ハンガリーのマチョー地方〈シフラシュール〉の材は、

[80B イ]（[図33A] 再掲）

［80B ロ］

羊の粗毛を急流に設置した水車で圧縮し、縮絨した防水力のあるフエルト地で、背にべったりの繍・財を背負い、前斜め明きの繍も綱のごとくに交差する。この衣は15世紀頃から農民のステータス・シンボルであったが、19世紀初期には次第に流行遅れとなり、羊飼いと御者が最後の使用人となる。

［80Cイロハニ］イ　79Aイ斜め十字のお守りのように、ヨーガ行者にも斜め十字の紐がつき、18Dにも記すヨーガ・Yogaは「馬にくびきをかける」の意‘yui’から派生した名詞で、「牛馬を御するように心身を制御する」ことを示唆するものである。

80Bロ　マチョーコート（羊飼い、御者）の背から前身への繍こそ、牛馬にくびきを掛ける表象形態と見る。ロ　チベットの神々にも荷を背負うように赤い襷（たすき）をかける。

ハ　勢い南下するが、インドのヒンドゥー教を継承するインドネシア祭儀用アクセサリーズも、Bロの繍と同形にベッタリとビーズで編まれ、前は複数の垂れ紐が網代に編まれ、交差する。

ニ　ミャオ族の祭り姉妹飯節での女性はこぞって身支度に忙しく、79Bイ　天部像の天衣にも似て、男性が実に華麗な繍ベッタリの背布に、繍のあるおんぶ紐で、子宝を胸斜めに縛っている。この80の斜め十字で縛る繍こそが、くびきの助けにより獲得し得た労の賜物・幸の証、楽土を表象しているといえようか。

［80C イ］

［80C ロ］

［80C ハ］

［80C ニ］

81　コート・マントル成立の背景：図〔81Aイロハ〕

［81Aイロハ］ギリシャ、西マケドニア地方フロリナ Florina県、その主都フロリナ市の標語に「ギリシャ人の起源の地」とある（但し、元来ギリシャ、フランス、ドイツなどの種族ではなく、民族・文化共々すぐ北東のブルガリア、ひいては東欧以東遊牧系民族の西進および南下、また南海から北上する民族移動・文化交流の上に、宗教・政治の力が加わり、国家の成立を見たようである）。

このフロリナもオスマン帝国に攻略され、1481年頃は居住243戸であったが、19～20世紀にかけての宗教人口率は、ギリシャ正教80％弱、マケドニア正教20％強とギリシャ系の多さが「起源の地」とされる所以であろうか。

［81A イ］

イ　そのフロリナで袖なし丈長の上着が祭儀用オーバーコート・Mantleの名で登場する（今日コートとは袖付き、マントは肩を覆う衣ぐらいの感覚であるが、初期には袖の有無にかかわらず、シャツの上に着る衣服すべてが上着で、後78のごとく徐々に袖がつき、今日の上着・ジャケットとなった）。

［81A ロ］

その布はホームスパン・手紬、裏は毛足の長いシャギーウールで厚く重いという。重厚な赤撚糸での繍は最も特徴があり、①裾の繍は森の周縁林・立木でTreeには避難所の意、緑糸は草原になる。②特に前明きの裏側縦に走る厚織りの赤コード、またその下部三角面に金糸で刺される図は、宇宙から眺めた地球を示すとある。③袖下の房状は必需の繍であるが、これこそは16項に記したように、風切り羽の新生・飛翔力の証といえよう。④このコートは両親または先祖から受け継がれるお守りでもある。実にシャマンの呪衣鷲ミミズクのごとく、このMantleを羽織ると宇宙に舞い上がり、大地を俯瞰できる衣、シャマニズム的近代の小道具といえようか。

ロ　ハのように胸部に付くアクセサリーのうち、中心の円盤は、① daisy・雛菊・春の訪れを告げる花・太陽崇拝の象徴、②上下3本ずつ左右に広がる鎖はeagle・白頭鷲を表し、③散らばる小片はbuttons新芽・蕾を意味し、総じてPiece「一片の土地」をも意味している。（ロンドン・オリンピックでこの散らばる小片が花弁で、出場国の数だけ聖火となっていた。）

ハ　Florinaの花嫁装束は、ロの「一片の土地」を意味するアク

［81A ハ］

セサリーズを胸に29に記した地母神の証であるエプロンが付く。なおAイのMantelを羽織るが、②宇宙をも表す前明き裏の赤縦長のコードが衿のように表に折り返っており、ここに日本の羽織のような衿の始まりがあるのでは、と注目する。

また辞書によるmantleは、古語としてmantelpiece・暖炉の前面側面の飾り、またはmantelshelf・暖炉の炉棚とイコールであり、79Aの金銀細工・特に赤撚り糸での重厚な繍は75Aロのマントと同様、生活に必需の炎・特に寒冷地で糧を調理し、暖をとり、癒しの空間を育む生活源炎の神礼化であり、この婚礼衣装は北の原野を背景に豊かな営み、祈願を表象する具象の姿といえようか。

82　大地を背負うコート：図〔82ABイロC〕

［82A］ギリシャ、エーゲ海に突き出た三角形状のアッティカ半島の先端アテネ、その北東部Hassia村のthe outer、sleeveless、White Wool Mantelの冬用コートで、夏は木綿地に変わる。　暗赤色、手紬ウールの強い撚り糸による重厚な繍は、81項同様ギリシャのステータス・シンボルである。

上部首から裾に向かう垂直線で4面に区切られた立方体は均斉・調和・理知など意味し、背中央ウエスト部の左右から裾に流れる4本の放射線状は太陽の輝きを表す。

また裾と水平に走る3段の太い房状は豊かな草原を表し、基数の3・thirdは3相を持つ神々と関連し、聖なる数ともいわれる。総

［82A］

［82B イ］

じてこのコート・上着は神の綾なす大地を表象していることになる。

［82Bイロ］ギリシャで入手したコート、ベストで布地は80ロの羊毛を圧縮・縮絨した地で、イ　裾に広がる赤緑ビロードの横線は草原の大地。背の３本と裾３本の白ステッチは78Aと同様に水を象徴するようで黒土と変わるが、81A同様背は大地を表象している。ロ　ギリシャ上着の胸元は瓢箪形のような重厚な繍仕立てが必需のようで wide board with engraved・表面に彫りのある板と直訳できるが、その解釈を探ると、特に授乳期女性の乳を支え保護し、また胸を平面的に覆う機能性をも見る（あるいは儀礼的上着、ヘチマ襟の萌芽がここに、と今後の究明課題ともなる）。

［82C］チェコの民族衣装のベストは、左女性赤ビロード地背の白カーブは、Bイとも似通う水流と見、右男性ベストの図は、81Aイの裾、森の周縁林と伺える。

（チェコ人は14世紀以降中欧ドイツ人の支配下に置かれるものの古来スラブ系、ひいてはケルト系民族ボイイ人と混血を繰り返し、921年にはボヘミア王国として、中欧における最高権威を獲得した国の末裔である）。

これらABCに通ずる水と太陽によって育まれる森の周縁林を描く自然崇拝的衣装の図は、中央アジアの草原で騎馬を脚とし、車輪付き乗り物（戦車と馬車）をもってヨーロッパに渡来した遊牧民を標章する「安寧の地の取得祈願」の象徴的意匠となっているといえようか。

［82B ロ］

［82C］

K　コートの温故知新（発生源から真因を知る）

83　赤コードにフレンチスタイルの背景、草原文化を知る：図〔83ABイロハ〕

[83A]

［83A］南ドイツ北部のフランケン地方（現在ドイツのバイエルン州7県中北部3県一帯）を象徴するポストカードに、Reichsstadte in Franken リッチな都市フランケンとある。その図像は81Aロでも述べたアクセサリー eagle・白頭鷲、ひいては81A、82Aコートの表象する piece「一片の土地」を、下の脚で「富める土地・財」を背負う姿が当地の象徴となっている（piece にはチェスの駒・小さな馬、また piece of flesh の省略語で新鮮な魚肉、鳥肉など「物質的生活象徴の一片」などもあり、mantel など大部分の語はフランス語の中で発達している、とある。なおイーグル・鷲は神聖ローマ帝国（962～1806）のシンボルマークでもある）。

［83Bイロハ］イ　西モンゴル既婚婦人の正装で、その背は82イなどと同様式、帽子は麝香鹿（じゃこうしか）の毛皮で財である。なお下半身中央の赤垂直線は81Aイ②記のごとく飛翔力、袖口はペルシャの76Bと同形の蹄で、総じて鹿・馬などの疾走力表象の意匠と伺える。（しかし52B記モンゴル主婦は、天高く伸びる樹木の観念形態で、専業主婦的意匠であろうか。）

ロ　イギリスのロンドン、ケンジントンパレス衛兵制服の背もイと同じ観念の意匠となっている。

[83B イ]

[83B ロ]

[83B ハ]

ハ　ポーランドに飛ぶが、その南東端、チェコ、ハンガリーにも隣接するポデクロージェ村男性の礼装で、イロと同調の赤線にこの国で最も美しいとされるカラフルな繍が加わる。この村はラフ族（元来、狩猟採集生活民でチベット系の北方民族が南下、今日中国少数民族として雲南、ミャンマー、タイなどに住む）の居住地域の中心地であり、また14世紀頃モンゴル、タタール系の人がアレン川辺りに住み着くと、貴族は彼等の騎馬による伝統的戦法を積極的に取り入れたとされる。

[62A] 騎馬に必定の後ろ中央の長いスリット、また背のパネル線（羽目板のような切換線）からなる裾広がりのコート（このフラッグコートまたフレンチスタイルなど）はシャマニズム的森林草原・富の大地を疾走する貴人の証、洋服筆頭のステータス・シンボルといえようか。

84　安住の空間パオと赤見返し：図〔84AイロBイロハC〕

[84Aイロ] イ　チュルク語系遊牧民カザフのユルト（モンゴルでゲル、中国語で包・パオ）という伝統的な移動式住居は、中心部に赤の2本柱で屋根・搭頂円・Circle を立てるが、その原義は「小さな輪」〈永遠、宇宙、完全の象徴〉の意を見る。なお、菱格子に組んだ木組みの壁・外周部分は蛇腹式に折り畳め、木組みの軸にあたる部分はラクダの腱である。

ロ　これらの赤い木組みの外部をフエルトで覆ったユルトは「曠野明球」、英語で little world「人の一生」が原義〈世界・広大・有

[84A イ]

[84A ロ]

限・はかない喜びなどの象徴〉とあり、また mirror「見るもの」が原義で、〈真理・分別・知恵などを象徴〉の意もある。英語では Places in Wilderness「野生動物のいる所」が原義で、〈曠野、荒れ地の「透明な水晶」・純粋、知性の象徴〉とあり、82A アッティカのコート、赤コートの意匠はこの骨組みと同観念と伺える。

［84B イロハ］イ　83Bハと同様クラクフ県（17 世紀以前ポーランド工業文化の中心地で、ヴァヴェル城、聖マリア教会、織物会館など旧市街地は世界遺産）西部のプロノヴィツェ村とモギウァ村 19 世紀半ばの礼装で、立ち襟と前明き裏に垂直の赤見返しがつくが、これは Aイの 2 本柱が見返し、サークルが立ち襟と同じ観念形態と伺う。

ロ　Bイと同様クラクフ北部の男性コートで、82Bロと同じ胸にヘチマ形の繍に続いて赤見返し、前裾コーナーに 81Aイ②の、宇宙から地球を俯瞰したような模様が必需のようである。

ハ　42Cイにも記すブルガリアの南端サンダスンキー村花嫁衣装の胸にもヘチマ形の繍を見る。

［まとめ］この Bイロハは、ギリシャの 81Aイ②およびハ、82A mantel に述べる赤見返し、コートの繍も同意の伝播と伺える。古来ユーラシアの曠野に、営々と築かれた遊牧生活の英知、安住の空間を包む技法の結晶パオが真珠・宝珠にも例えられ、護身の洋服もまた安住の空間パオと同観念的デザインに気づく。

［84C］南国沖縄の王族伝統衣装・紅型にも赤垂直の襟が見え、襟についてはなお一層の究明課題となる。

［84B イ］

［84B ロ］

［84B ハ］

［84C］

85　安寧の大地・大気を装うコート：図〔85AイロBイロ〕

［85A イロ］イ　フランチェスコ会の創設者として知られるカトリック修道士聖フランチェスコの、有名な「小鳥への説教」である。

フランチェスコは西欧中世の盛時、12 世紀後半イタリア、ローマ北アッシジの町で、フランス語の堪能な父で織物商の裕福な家庭に育つ。後にカトリックの修道士として悔悛の神の国を説き、中世イタリアの著名な一守護聖人となる。

その説教は以下の通り

「小鳥たちよ、あなたたちはすばらしい衣服を身に付けている。私はよれよれの修道服を着ているが、これとて自分で手に入れたものだ。ところがあなたたちの衣服は自分で心配したものではない。あなたたちは透明な声で鳴くが、それもまたいい声になろうとしてなったわけではない。神様がくださったものだ。素直なあなたたちに大きな恵みがある。」

［85A イ］

ロは 2A にも記したように、12 世紀海洋交易に栄えたデンマークのもの。その国立博物館で小片の羽毛の集合で創られた子供用実物コートを見た時、ここユーラシアの西端に鳥をシンボルとするシャマニズム具現の衣があったかと興奮を覚えた。

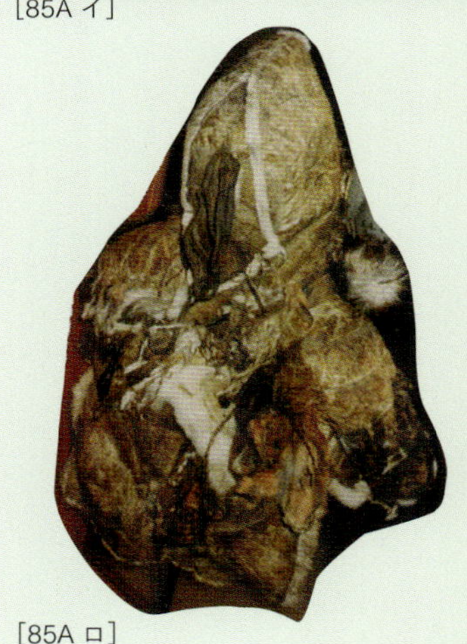

［85A ロ］

［85Bイロ］また「太陽の歌」として、

「…太陽は美しい、大きな輝き、高くましますあなたのお姿は、太陽の中に伺うことができます。…また月と星の賛美を、あなたは空の中に月と星を明るく美しくお造りになりました。…また風の賛美を…大気と雲と晴れた空の賛美を…水の賛美を…そして火の賛美…母なる大地の賛美を…大地は私達を育て、支え、たくさんの果実を実らせ、きれいな花と草を萌え出させます。賛美しましょう、歌を捧げましょう、感謝の歌を捧げ、深くへりくだって主につかえましょう

と、〈自然に対する確実な把握〉が書かれている。

イ　バイキング安住の起点となった極北アイスランドの雪原は、地球の源泉のようでもある。

ロ　78Cイロにも記すカトリック神父の葬祭時の衣で、水を象徴するブルーの垂直線には白糸で雪の結晶の繍がある。

［85B イ］

［85B ロ］（［図 78B ホ］再掲）

中世の海洋交易で隆盛をなす織物商の出自をもつカトリック修道士の教説「小鳥への説教」「太陽の賛美」に、Aロ　鳥のコート、またBロ　広葉の照葉樹林帯の滝と同観念ともいえる意匠に、生物必需の水・大気具象の表現を見、原野での遊牧の営みにこそ、綾なす大地を美的に、芸術的にとらえ、また宗教にも発展するものかと悟りを開く。

86　安寧の大地を語るモアレ（波形模様）とビロード（天鵞絨）：図〔86AイロハB〕

［86Aイロハ］イ　前頁図85、聖フランチェスコの「太陽の賛美」の一具象の景として、朱色の夕日が、生命の泉・水面に映るサンセットは、明日の大地の安寧を約束する草原文化にとってこのうえない歓喜の姿、自ずと頭がさがろうか。

ロ　中央アジア、ウズベキタンは、イのごとく水面に映り揺らぐ空模様をモアレ・波形模様に、また絹糸で縦絣に、なお艶やかなサテン・繻子織り（繻の雨は空から降る雨の象形、大きく覆う屋根、隅々まで潤す恩恵・鳥の体を覆う羽などの意＋而はしかも・柔らかい髭が垂れるさまなどの意を含み持つ綾織布）で、ウズベク特有の民族衣装「ハンアトラス」を終日身につけている。

「ハンアトラス」とは、ギリシャ神話アトラスの、肩で「天空を支える」（天気を司る男神のごとく）。18D にも記したように、荷・労を引くくびきと同観念のヨーク（豊穣を約束する力のごとき）がついている。またハンはモンゴル・トルコなど北方遊牧民君主の称号、汗・Khan を指す。すなわち、‘モアレ・波形模様’は繻の字のごとく、①雨雪になる命の泉・大地の森羅万象を、②照葉樹林帯での恵みの賜・蚕の繭の絹糸で、③糞と共に種を運び、植物の恩恵を大

［86A イ］

［86A ロ］

地に育む鳥を表象、④ユーラシア大陸を征服した元王朝・モンゴルの汗、すなわち最高位の布と称し、実にアトラスとは宗教性をも含み持つ筆頭の縦絣・モアレ模様の絹布といえよう。

この衣のウズベキタンとは、今から10万年前にサマルカンド周辺に人類が住み始めた人々である。

4世紀に遊牧生活から定住生活に変わり、各時代の先進文化、美術文明を取り入れ、独自の美術文化を開花させる。民族大移動やモンゴル侵略時でさえ、ここの文化を換えられなかったという。

ハ　東西文明の交差点タシケント、サマルカンドなどでは、ハのごとき晴れ、曇り、雨模様、あらゆる空模様・モアレ模様ばかりの布が売られており、今に残る中央アジア・オアシスの歴史息づく‘ハンアトラス’といえようか。

86B　ウイグル族ながらカシュガルの天鵞絨・ビロード（パイル織の輪を、通していた針金で切り、鳥の胸毛のように心地よい、繻子とも同観念の布）工場就労者のようで、芝生のごとき布に草花模様を溶解したケミカル天鵞絨は、安らぎの大地・大気をもまとう幸の証ともいえ、洋服最高貴の布・天鵞絨がここにと悟るもの。

[86B]

[86A ハ]

結　び（第1〜3章のまとめ）

明治維新を期に日本の衣は、振る袖もつく寛衣・和服から、タイトな袖・窄衣（さくい）の洋服へと、あらゆる文化とともに洋風化の道を辿る。しかしわが国の医学の恩人ドイツ内科医ベルツ博士がいだいた疑問「何故この湿度の高い風土で和服を脱ぎ、襟の詰まる洋服を着ようとするのか」の問いに、政府の高官は「これからの外交のために着る」と答えたという。官吏の制服・軍服から洋風化は進んでいったようである。

筆者はかつて上田安子服飾学院研究科の頃、オートクチュール（フランス革命崩壊後の宮廷衣装デザイナー変容のフランス高級衣装店)、ディオール、ジバンシーなどの縫製を手掛け、特に鯨の骨を入れるコルセット、二重三重の芯を貼り厚紙ででも作るがごとき洋服に驚きながら、自身用にも作っては、35度を越す日本の夏での必要性に疑問を抱き続けていた。しかし30有余年の海外研修後の今、特に上着のみではあるが納得がいく。

本書1〜3章の概要は75にも記したが、今世紀に行なわれた英国伝統の結婚式、その男性コートに立派な尻尾のスリットを見、上着とは動物の毛皮を着るごときが発想源と気がついた。また女性の白ベールの大気漂うなか、トレーンは長いほど雲流豊かに大気漂う安寧の大地の象徴となり、子孫繁栄を契る景は、ユーラシア大陸の東端、古の奈良の都の八重桜の下で、尻尾も鮮やかに戯れる鹿の景とも同観念的であろう。図76記の鹿は、小アジアで掴み取る力の象徴であり、また豊猟力持つ鹿住む地は安寧の大地の証し、「角は文化を先導する」の一例とも悟る。

なお、古来元王朝を築いたモンゴル騎馬民族の創る袖は、鹿・偶蹄類の蹄であり、ユーラシア大陸北東端清国皇帝の礼服にもついている。このタイトな袖こそは窄衣のシンボルであり、闘争心の標章である。また裾の波模様、龍の地から天への飛翔模様で、支配する者の権威・魔性力の誇示・標章であり、洋服の上着、軍服などの図像性・服飾心理の源流もここにと悟る。

次いで洋裁教師として短大に奉職直後、「よそ行きのエプロンの意味が分からない」と思い掛けぬ同僚の心理学者の言があり、研修の時間を費した。、29Cイの一例として、ブルガリア女性前裳のフリンジ、フリルなどは水辺、草むらの象徴で、多くは財宝、花の繍などで埋め尽くされ、立派なイーグル形のバックルには短刀を入れ、実に子孫を宿す婦女の安寧と豊穣の大地を得る祈願を終日まとう地母神の証・暖簾（のれん）のごときであり、安穏を願う神前では必需の裳である。

また東洋の地蔵も前掛けが必需の地母神でもある。しかし71Aイ記のごとく、バイキングによる海洋交易で運ばれた白布は、心地よい住まい造り筆頭の財ともなり、祈願をこめ刺した前裳も、大判白布のエプロンに変容。そして外交・労働力はタイトな袖・ヨークのつくシャツの男性に依頼、白布のエプロンはヘッドスカーフと共に、自主的婦人の権威標章の旗印ともなり、婚礼時には必需である。

しかしやがてイギリスの産業革命による機械化は粗悪品の流出も伴い、バイキング出自の貴族ウィリアム・モリスは、安らぎ・快適な住空間を求め、かつて衣装に刺した草花模様を壁紙にデザイン、広くアート&クラフト運動と工芸化へ。

やがてドイツのバウハウスで職人対象のデザイン教育が始まる。次いでアール・ヌーボーと、従来の木材に変わり、自由に曲線のきく鉄やガラスなどの材で、優美なデザインの工芸作品が作られるようになり、新材料を競う万国博覧会も開催された。パリのエッフェル塔は初回記念とし、また毎回代表作を残している。

アール・ヌーボーはまた街々に優雅にともる街燈、鉄塔等々近代デザインが展開する。しかし第一次世界大戦後、ナチス・ドイツはこれらを阻止。バウハウスの指導者陣は、アメリカ新大陸へと亡命する。

イギリスでのバイキング拠点都市ヨークに次ぐ、自由の女神聳えるアメリカのニューヨークで、実に10数世紀をかけ、バイキングの求めた自主独立、自由平等、男女同権の民主主義が新天地アメリカで開花していく。

その衣はニューフロンティアのもと、大いに機能性重視、丈夫なテントの綾織布でのブルージーンズ、テンガロンハットまたTシャツに覆われ、かつて安寧の大地でシャマンが導いた昇天祈願と神仙思想的衣装も、今世紀科学進展の今日では、宇宙服で実質天まで行けることにもなっている。

しかしその反面ここ日本、特に未曾有の大震災に見舞われた東北・平泉の古刹毛越寺（もうつうじ）には浄土式庭園があり、2011年世界遺産に認定された。初の申請は失格ながら、「自然美の浄土」「この世の浄土づくり」と励まれた、平泉郷土史館館長・大矢邦宣氏をはじめとする多くの関係各位の労の賜ともいえよう。

かつて筆者は同寺を浄土研修に訪れ、絵巻物から抜け出たような、祖先を悼む「哭き祭り」の行事に感銘した。また58で記したごとく、花鳥風月・苑池・瑞祥紋で埋められた模様を太い袘で囲み、裳裾引く小袖姿は、苑池の州浜・浄土を表象するもの、加えて独鈷模様の博多帯での苑席は（多くの君主も描いたであろう)、極楽浄土へ誘う衣装の演出と、一人推論しつつ興奮さめやらず、大矢館長にも敬意を持ってお渡しした。

さて原子力の是非を問う今日、哲学者・榊原安造京都芸術大学名誉教授は「どれほど古代人が太陽を中心に、特に日本人は自然に順応しつつ生活を築いてきたか」を見直し、そして「科学的破壊のない正論の解説に努める」とされ、85・86で記した、水豊かな安寧の大地を装う衣ハンアトラスに、また13で記した、石柱の地輪の豊かな水辺の表象と同観念に花嫁衣装の象徴的ティアードスカートも水辺、自然崇拝的水の姿がここにと共鳴するものである。

「私は何処の国にいるのか」と見紛うほどに、諸外国語に包まれた京都駅構内、錦市場を往来する時、「世直し大江戸学」を説かれる石川英輔先生始め、「江戸の文化こそが情緒豊かな日本人の築く文化」との諸言にあらためて感銘をうける。またその源に、京の都で築かれたであろう日本の自然美、世界遺産ともなった浄土をも意味するほどの衣装、意匠のあること、しかし36記のごとく、すでに日本婦女が残す縫物・額縁縫い「その布団にこそ、最大の安寧の場（寝床）があるのでは」との思いもいよいよ深まる。

第４章について

明治維新を機に急変した衣装の洋風化であるが、その立体的洋服への実質・実学的成立過程・デザイン的意図などを理解するためにその起源を顧みる間もなかった。

しかし今、総じて、衣装とはこれ程までに「呪的祈願が多様な表象・具象の姿として成立しているものか」と30有余年がかりの実践的研修をもって悟るものである。その東西異質のごとき文化も、シルクロードでの交易、交流、さらに東アジアの海洋交易などを通し、いずれが先ともいえぬ発生源が東西相互に潜んでいるようにも思われる。

以下第４章「衣装、意匠の発生源＆伝播」では、第３章の洋風の視点を考慮しながら、東側、特に日本の衣装との関わりの一端を概観してみたい。

第4章
衣装・意匠の発生源とその伝播

プリーツスカートは尾羽　飛翔の願望の発露であり

ティアードスカートは水豊かな大地の表象であった

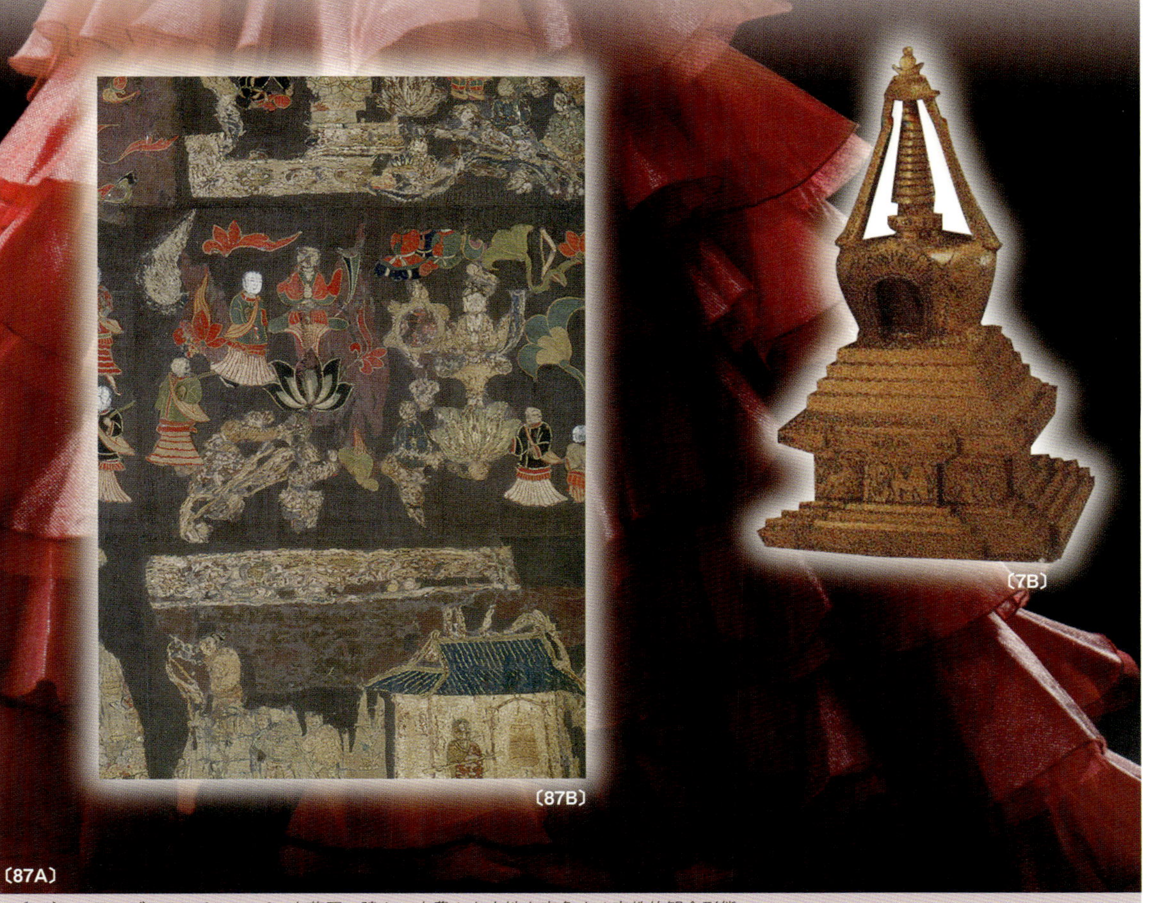

〔7B〕　**モンゴルのストゥーパ**　大草原に建ち、水豊かな大地を表象する宗教的観念形態

〔87A〕　**ティアードスカート**　ストゥーパと同観念形態・水豊かな風土を象徴しているティアードスカート

〔87B〕　**中宮寺の天寿国曼荼羅繡帳**　中央左の神は階段状ティアードスカートで水豊かな大地に立ち、上の神はプリーツスカートで飛翔の願望を表象。ユーラシア大陸の伝播が伺える

[87C イ]

[87C ロ]

[87C ハ]

L　民族の生命源（水の元）

87　生命の源・水の流れ出る原：図〔87CイロハDイロハ〕

[87C] イ　エベレストと水源

「インド亜大陸とチベット高原を隔て、東西に走るヒマラヤ山脈、その数知れぬ巨峰中の最高峰エベレスト（8,848 m）を南面から望む一水流がある。この山脈はブータン、インド、ネパール、パキスタン、アフガニスタンと5つの国々にまたがり、俗の字（谷は口＋八八〈水が八形に流れるさま〉のごとく、人は水流れる谷のそばに住む。水は流れてやがてインダス川、ガンジス川、ブラマプトラ川、長江と、アジアの大河・生命源・文化・文明の源泉とも成る。」（広辞苑ほか）

[87Cロハ] ロ　ロシア、中国、モンゴルの国境沿いに南北に走るアルタイ山麓の「圣泉」（象形文字は土＋又〈かばう泉〉）は地表に湧きいずる水場で、ハ　その上部でむき出しの根（とまって抜けない木の根）に紅白の細い布切れが結ばれている。シャマニズムの源郷研修の旅路で、古代人も命を繋いだ水源を見て東西文明の源かと感慨をもった。またこの紅白布の閃きこそが、特に東風の神・水を呼ぶ注連縄・閃きの原形かと様々な考えがめぐった。

[87Dイロハ] イロ　チベット仏教、ポン教（中国チベット自治区、四川省、甘粛省、青海省、雲南省からヒマラヤ南麓のまで分布する宗教）、ヒンドゥ教、ジャイナ教信仰の聖地カイラス山（6,656 m）で、サンスクリット語で水晶、ヒンドゥ教では男根崇拝とあり（下部の階段状を7で記したストゥーパの地輪…と観察する）。

ハ　雪を被るカイラス山に似た頭の白い庭石が、秀吉の築く桃山城下武家屋敷跡の庭にも伺える。

[87D イ]

[87D ロ]

[87D ハ]

88　仏塔・五輪の塔と地輪＝豊かな水辺：図〔88ABイロハ〕

[88A]

[88A] 11世紀頃西夏・元時代、カラホトの「黒水城」といわれる遺跡に残るチベット式仏塔“スプルガン”である。中国内モンゴル自治区西部の廃都で、スタイン等の発掘調査記に「極奥アジア」とあるほどの遺跡。

西夏王国（1032～1227）とは、中国北西の辺境地に活躍したタングート（チベット系民族の築いた王国で〈6～14世紀中頃〉、前身は羌（チャン）族。また三苗（さんびょう）は後裔で、当時中国の支配は軍事的には劣る宋であったが、その周辺の移民族国では、独自性を誇示し、漢字に対抗して、遼（契丹族）は契丹文字を、金（女真族）は女真文字を、タングートは西夏文字を生み、外交関係を結ぶ高い文化水準を有し、西夏（現在の寧夏から甘粛辺）は内蒙古に誇る旗頭的存在であった。9世紀には仏教を国教とし、その美術はチベットのラマ教の影響の強いものや、宋美術の広がりの中で捉えられるものもあり、かつては五塔寺などもあったが、陸上台風である砂嵐のもとに埋没した。

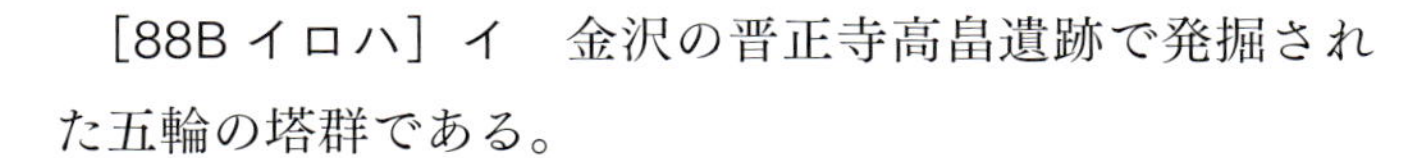

[88B イロハ] イ　金沢の晋正寺高畠遺跡で発掘された五輪の塔群である。

[88B イ]

金沢市晋正寺町犀川下流右岸の、14世紀後半～15世紀中期港湾都市の遺跡で、室町時代以降の井戸や水路坑が見つかったとある。（鶴間和幸著『東アジア海文明』）

[88B ロ]

ロ　南九州の清水磨崖仏でイと同様式の五輪の塔である（中島圭一著『14世紀のアジア海文明』）。

また九州南岸には商才に優れた晋江（しんこう）人との交易がある。海のシルクロードの起点の一つ、中国福建省泉州市の晋江人は、元来華北〈現在の洛陽、長安辺〉にあって五胡十六国時代、豊かな陶磁器文化等と共に飲茶の風習等高度な文化を築き、宋に追われつつも、南東部の呉都建業に侵攻した。また華僑・華人として〈泉南仏国〉〈海浜鄒魯（すうろ）（儒学）〉等の美称でよばれ、日本へは呉の文化も多いとされる。

[88B ハ]

ハ　モンゴル語ではストゥーパ最下段の地輪には、ぎっしりと小さな渦巻模様が彫られ、大地に必需の生命源

‘豊かな水源’祈願の図像である。

「五輪の塔」の意を検索すると、最上は空大、すべてに存在の場を与えるのが空大で、役割的には調整機能ともいえ、四角と円の要素を組み合わせた宝球の形である。二番目は風大、風が物を動かすと弧を描いて動くので半円、三番目は火大、火の燃えさかる様子で三角。四番目は水大、水のイメージを丸で表わす。五番目は地大、すべてを受け止めている大地の様子から四角で、五大に仏様の心が入って六大になり、これにより大日如来を卒塔婆は表わしている。

[89A イ]

89　塔の地輪（階段状）＝スカート（裳）・水辺：図〔89Aイロ〕

[89A] イ　法隆寺金堂に安置される二体の御本尊、阿弥陀三尊像・薬師如来像の須彌壇座（裳掛座）の裳は、7項に記したスカートおよび88に記した豊かな水辺の表象具象の図像といえようか。

仏塔などの伝来背景

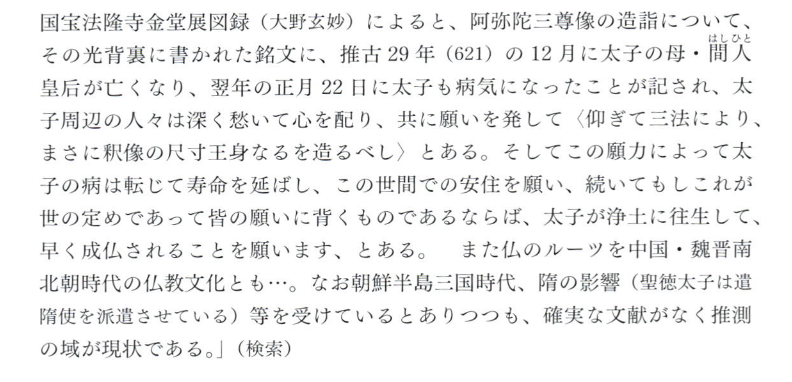

国宝法隆寺金堂展図録（大野玄妙）によると、阿弥陀三尊像の造詣について、その光背裏に書かれた銘文に、推古29年（621）の12月に太子の母・間人（はしひと）皇后が亡くなり、翌年の正月22日に太子も病気になったことが記され、太子周辺の人々は深く愁いて心を配り、共に願いを発して〈仰ぎて三法により、まさに釈像の尺寸王身なるを造るべし〉とある。そしてこの願力によって太子の病は転じて寿命を延ばし、この世間での安住を願い、続いてもしこれが世の定めであって皆の願いに背くものであるならば、太子が浄土に往生して、早く成仏されることを願います、とある。　また仏のルーツを中国・魏晋南北朝時代の仏教文化とも…。なお朝鮮半島三国時代、隋の影響（聖徳太子は遣隋使を派遣させている）等を受けているとありつつも、確実な文献がなく推測の域が現状である。」（検索）

30年くらいも前、洋服以外はチマチョゴリと、長いスリットにスタンドカラーのチャイナ服くらいの知識で研修の旅路に出た。中国・蘭州は甘粛省の省都で、2世紀中頃は鮮卑がいた。11世紀中頃には88Aスプルガンでも記すように、西夏・元が旗頭の地、黒水城遺跡からは絹織物、毛織物、帽子、さらに西夏、金、元の紙幣の出土もあり、交易の様子が伺えた。

今日、白帽子のイスラム系回族も目立ち、シルクロードの要衝で、初めて目にした50幾つもの中国少数民族衣装の陳列に興奮を覚えたものである。最初の買い出しは、横切り替えも鮮やかな11D、92Aロで記したイ族のティアードスカートであった。

4章扉にも掲げた、聖徳太子往生を嘆いて作られた天寿国曼荼羅繍帳、上の神は37～58にも記す、シャマニズム鷲ミミズクが発端、尾の表象プリーツスカートであり、下の神は7にも記した地輪・複数段横切り替え線で水辺の象徴ティアードスカートである。

またこれらは、古来7～17項にも記すキルギス、カザフ族等、騎馬に優れ、中国北西周辺に群雄割拠するモンゴル系・タタールであり、しかしその西進と共に半農半牧となった。原野での定住生活の中に必需の水、その保持祈願祭事の衣装は、この曼陀羅にも見るティアードスカートである（しかし発端はクレタ島出土巫女像、あるいは3（茶A）のＢＣ 2600年も溯るメソポタミア・図羽毛のスカートかもしれない）。また東欧ブルガリア、雲南省のミャオ族では極度に細かいプリーツの尾が飛翔力の演出でもある。

時代も下り、平安朝貴族の婦女が遠路京の都から奈良斑鳩(いかるが)里へ、極楽浄土往生祈願（女人成仏も叶い）、子孫繁栄安産祈願に、牛車の列が続いた当麻寺、その弥勒菩薩の裳掛座も、法隆寺須彌壇と同じ安住の地・豊かな水辺表象の裳である。

［89A ロ］

90　地輪・階段状・水辺の伝播：図〔90ABイロハニ〕

［90AB イロハ］京都・清水寺を東大路まで下り、やや西南の六波羅密寺は、院政期（平安末11世紀後半から鎌倉幕府成立に至る12世紀末まで）、太政大臣浄海入道清盛公の気品を覚える仏者として（教科書に見ない一門の武運長久を祈願し、朱中に血を転じて写経した頃の経巻を手にしたという像で）名高い寺である。

A　その御堂入口階段横に、奈良時代には見ない階段状に並ぶ赤前垂れ地蔵群に気づき、これぞ87記ストゥーパ（自称ティアードスカート）の伝来と注目した。

［90A］

院政期の背景・武家の頭領等について

「白河院治世の院政期は、貴族層が衰退、庶民や新興の武士の勢力伸長に向かう過渡期であり武士、庶民文化萌芽の見えるのが大きな特色である。源平合戦で有名な平氏（清盛）も、父は伊勢平氏と伊勢の棟梁で（今日では「大工」の意でも、元は建物の棟と梁・最も高い重要部分であるところから、国家など組織の重要な人物を「棟梁」・「統領」という）、鎌倉時代に「武家の棟梁＝幕府の長・征夷大将軍」という図式が成立した。

平清盛は白河院の元で太政大臣まで昇り、軍事貴族（初期の武家の統領）とし、兵士には熊野水軍（熊野灘の難海を操る技を持ち、海賊ともいわれた）の力を活用、外洋船も入る深海の港（わずかながらも福原京）を築き、今日の「唐物」「高麗」等中国、朝鮮との交易品も手にしている。

なお、女人成仏（89Aハに記した婦女子にも神仏参拝が叶う）、万人に仏教が広まる時、従来地に置かれたA　地蔵・地母神も、仏塔地輪にも準じ、階段状（水辺）に進化したものであろうか。

誠に浅学ながら、［90Bイロハニ］は塔の台座に注目。

イ　大乗仏教の遺跡であるインドネシア・ジャワ島にある世界最大級のボロブドゥール仏教寺院・ストゥーパ（仏塔）である。

ダルマトゥンガ王（別名ヴィシュンヌ王。在位755年以前～782年）の碑文では762年にベトナム北部に侵入、774年にチャンパ王国を襲撃。治世の780年頃ボロブドゥール寺院の造営を開始とあり、寺院内には24Cに記した赤前掛けターラー神の一社寺もある。またヒンドゥー教では男根と見る。87B聖地カイラス山の類似形と推察。その構造は三界を表し、基壇は人間のいる欲界、その上は神と人間が触れ合う世界で色界、さらに上部が神のいる無色界で、前記の赤前掛地蔵も当塔の概念を汲むものであろうか。

ロは35・32ABでも記すカルムク人（モンゴル系オイラト人とも呼び「元史」にも見える）の描く世界の創造図で、下に海あり、亀の背が十二支の惹く蛇の綱で伸び、女神が昇天するシャマニズム的仏塔の観念図である。

ハは儒聖孔子墓碑までの道標で、亀形台座に乗った碑がずらりと並んでいたが亀の多産卵で動く男根形碑が、天神「ターラー神」と交配、赤前垂れ地蔵群もシャマニズム的色界で、多産・子孫・国家繁栄祈願の表象的地輪と解釈する。しかし京都東寺の亀形台座は垂直碑で、後シャマニズム的思想を逸脱した水辺の表象といえようか。

［90Bイ］ボロブドゥール仏教寺院

［90Bロ］

［90Bハ］

［90Bニ］

91　因幡一の宮御神塔と袴の語るもの：図〔91Aイロハニ〕

［91A］大国主命の神話で知られる因幡の国（鳥取県）一の宮・宇倍神社を調べると、『古事記』には、大和朝廷が諸国に鳥を捕らえさせ、一納税策とした一節がある。当地は沼や沢の多い湿地帯、水辺に集まる鳥などを捕えて暮らす狩猟民族が住む処から、今日の鳥取県の名が付いたとされる一の宮とは平安時代各国に置かれた社格では最高格を示すもの。また青谷上寺地遺跡など多くの世界に誇れる重要な発掘の遺跡も見られ、かつて当地が大陸や朝鮮半島と盛んな交流を持つ豊かな土地であったことを物語っている。

［91A イ］　［91A ロ］

イ　入り口階段状地輪の石塔はユーラシアの大陸に建つ7B ストゥーパが原型（なお源はモンゴル伝達法の狼煙（のろし））と見える。

ロ　麒麟は中国神話伝説上、鳳凰、霊亀、応龍とともに「四霊」と総称。瑞獣と神聖視する幻の動物とされ、（千年を生き、鳴き声は音階に一致し、歩いた跡は正確な円になり、曲がる時は直角に曲がるという。麒麟を傷つけたり、死骸に出くわすのは不吉とされる）。幼少から優れた才を示す子供のことを「麒麟児」とか「天上の石麒麟」ともいい、ロの逆立つ麒麟姿で表現したようである。

※この珍獣麒麟とは異なるが、15 世紀大航海時代より 70 年も以前、中国明代の武将永楽帝の宦官として仕え軍功をあげて、東南アジアの航海長と重要視される鄭和は、5 回目のアフリカ東岸諸国からキリンをはじめ、ライオン・ヒョウ・ダチョウ・シマウマ・サイなどの珍しい動物を連れ、1419 年 8 月帰国。永楽帝に献上し、喜ばせたという。
鄭和は雲南のムスリム出身で、父・先祖はモンゴルに帰順、元の世祖クビライの時雲南の開発に尽力している。鄭和は 1404 年に皇帝の特使として 10 万人を率い、日本に派遣の記述を見るとある。石麒麟はこの神社のほか北海道厚岸に見るのみという。

［91A ハ］

なお、90Bロ（南下した遊牧民の描く世界の創造図）のごとく、神社に敷かれる砂利は水辺の観念、イロの塔と相俟って、神護の元「水も豊かな安住の大地ここにあり」と示す神社の門柱・標章形態と解釈される。

ハ　細やかに神事をつかさどる宮司の脚元に揺れる水色の袴は、長閑（のどか）に寄せるさざ波、あるいは冠と共に、湖面に戯れる白鳥をも見る安らぎ・生命を護る必需の水・神の使いの袴と解釈される。

［91A ニ］

ニ　白袴の宮司について、水色との違いを聞くが分からず、最新入との由で浅学のままに、やがて雨降らせる霞か雲の観念形態と解釈できようか。

92　白布の袍伝来の背景：図〔92Aイロ Bイロハニ〕

［図 92Aイロ］イ　中国雲南省・元陽県の棚田は、赤河地区のハニ族・イ族自治州の棚田は最高 2,939.6m、最低 144m と高低差の大きい巨大で厳しい山地にある。高温多雨の亜熱帯、山が高ければ高いほど流れ落ちる無数のせせらぎや湧き出る泉は豊富で棚田、人々、家畜に命の水を与える。

この地のハニ族・イ族の先祖たちは、もともと青海・チベット高原に集まり住んでいたが、牧草を追い、長い間移動するうち、1200 年頃の隋・唐代から衰牢山地区に定住、棚田を開墾し、水稲を栽培するようになった。長い歳月をかけ、他民族と力をあわせた約 6000 本の用水路は、まるで銀色の帯のように山々村々を繋いでいる。このように中国南西部で（百越の民ともいわれる少数民族により）築かれた棚田の暮らし、棚田の稲作文化は、今日、同地の祭祀、宗教、信仰、哲学や思想あらゆる面の生活源となっている。

ロ　11A と同観念的なイ族の豊穣祈願・祭儀のティアー ドスカートで、美・贅沢の象徴シルクデシン地である。(Silk は絹であるが、de chine は仏語で中国風であり、当地の絹の豊かさ、安価に驚く。しかし日本では植物繊維・麻主流の地に住むせいであろうか)。また春菜の花咲き乱れる黄、水色の地輪等も鮮やかなティアードスカートは水田祭祀の象徴的衣と確認出来る。

［92Bイロハニ］伊勢神宮

古代は宇佐神宮、中世は石清水八幡宮と共に宋廟（中国氏族が祖先への祭祀に

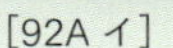
［92A イ］

［92A ロ］

使うのが祖廟）ながら、衣食住の守神として、天皇の命により神社、山陵などへ幣帛（中国で絹を贈ることから礼物の総称）を奉る。

内神事の宮司は、イ　神宮裏荒祭宮、豊受神宮で行う新嘗祭（稲の豊穣感謝）の時、55A にも記す飛翔力・大袖袍、ロは皇大神宮の月次祭（神の飲食物供物調達の儀）時の後ろ姿、ハ　御稲御蔵前で納められた御稲を御出す時、75 にも記す大気の表象裳裾引く、いずれも純白袍姿である。

ニ　世界遺産熊野古道も見える「熊野丸山千枚田の霧立ち昇る景」ながら、霞・霧は雲となり、やがて生命源の雨水となる。

純白大袖裳裾引く袍姿もまた同観念的・シャマニズム的神の使いといえようか。

[92B イ]

[92B ロ]

[92B ハ]

[92B ニ]

M　和装への道

93　盤領(あげくび)の袍伝来の背景：図〔93Aイロハニ B イロ〕

［93A イ］

［93A ロ］

［93Aイロハニ］イ　主にモンゴル高原に住む遊牧民の伝統的移動式住居包(パオ)（モンゴル語でゲル）は、真っ白なフェルトで覆われ、真っ赤な観音開きの扉が印象深い。

ロ　その内装は84でも記すように、蛇腹式赤木骨組みを、主に草花模様のゴザ、フェルト等で覆う二重仕様である。包の意は、物をすっぽり外から包む、造形は胎児が子宮に包まれている様子、また袍(ほう)の解意は、衣＋包・外から体をすっぽり包む外衣で、84　ポーランドの白オーバーコートは、スタンドカラーから前見返しにかけて、パオの扉が開くごとくに赤見返しがつく。

ハ　南宋・宋人袍の大袖口にも、扉と同観念的に赤が覗く。

ニ　中国明代に大きく海洋交易等開発した永楽帝の袍にも赤襟が覗く。

［93Bイロ］イ　京都御所展示の朝服（飛鳥から平安時代にかけて、官人が朝廷に出仕時に着用する上着）袍姿で、大袖の袖口に宋人同様に赤い下着が覗く。

ロ　その袍の下着・内着(うちき)・下襲(したがさね)で、漢字では引倍木(ひえぎ)（単(ひとえ)）、袷は袙(あこめ)・間籠(あいこめ)である。

［93A ハ］

［93A ニ］

［93B イ］

［93B ロ］

［漢字源を考察］まず引倍木とは裏地を引き剥がし表地のみの単の夏物。倍の解字は解剖・斬り離す、また剖の原字は人＋音で二つに分かれるの意。また木の剥ぎ皮は鳥の雨覆いと同観念的に屋根の材（瓦以前の）となり、住を覆う。なお、頭装52Bモンゴル主婦の装いは、Baumwolle・綿花・樹木と例えられ、帽子は屋根である。

袙は白の衣（フェルトも？）。間籠とは（解字は①籠・細長いカゴ、②物・土を入れ土嚢、いろいろなものをまとめ、一つにする。包括。③家、城、祈願で寺に入り、出てこない）籠城などの意もある。また、ロ　下襲も（会意は衣＋２匹の龍で、55Aに記す両袖に付く２匹の龍は帝王の証)、龍神的飛翔力を秘めた、上着と同観念の下着となる。したがって、包も袍に準じて赤蛇腹状の骨組みに、引倍木の単（植物繊維のゴザ）白フェルト（動物繊維）との間籠・（袷）である。

ゆえに、92B宮司の純白大袖袍、また洋風オーバーコートも、総じて上着＝包ともいえ、共に神綾なす天空と大地の間に生まれる（立つ）安寧の空間・シャマニズム的「幸・財」の表象、具象形態といえようか。

94　盤領、スリットの袍と伝播：図〔94AイロBイロCイロハニ〕

［94Aイロ］イ　漢字で鄂倫春族、着皮衣の両代人（オロチョン族の毛皮の衣の二人、両は２つ、２枚扉などの意もある）で、中国服の原点となっている。オロチョン族とは、オロン・トナカイに由来し、ロシア・バイカル湖東部で狩猟を生業とし、第１章に記すように、シャマニズム発生の地の民である。その毛皮コートの脇は、16⑤鳥飛翔に最重要ヵ所・風切羽の新生する脇下がスリット・細隙（細長い切り込み）になり、太い黒縁取りやまた縫い止まりには龍、タコ、雲等飛翔力の象徴的標があり、スタンドカラー、深い打ち合わせである。住居も白樺などの柱を組み、鹿革で覆う天幕であるが、今日ではそれも狩猟時用で、内モンゴル自治区には他民族（モンゴル、ダウール、エヴァンキ、オロチョン、満州、朝鮮等）も定住している。中華人民共和国建国以来60年にわたる漢民族移入で、80％は漢民族が占める。

ロ　日本正倉院の宝物笛吹き袍楽人の上着で右衽裏に「前笛吹六年」（天平宝勝六年（754）の墨書で笛吹き奏者用と分かる。また古来騎馬民族の上着（故服）に由来して

［94A イ］

［94A ロ］

［94B イ］　［94B ロ］

いる。この袍の表地は浅紅色、裏は緑絁（あしぎぬ）（太い糸織り粗製の絹布）の袷、模様は八稜花文の四方に扇形花葉の組合せが主なもの。なお、打ち合わせは右衽（右下衽付き打ち合わせ）で、和服打ち合わせのルーツかとも思われる。

［94Bイロ］イ　中国・清人の櫛等を持つ長閑時の袍姿は、長いスリットから水色の下着が覗く。

ロ　中国・清王朝（1616～1912）第3代皇帝順治帝の側貞妃の常服の袍は、やや広袖に太いカフスが付く（主君順治帝は次代の康熙帝・雍正帝・乾隆帝三世の春、北京を都とする中国黄金時代を先導した名君）。

［94Cイロハニ］イ　勢い唐代（世紀始め）まで溯り、シルクロード民族の交流点トルファン新疆唐墓出土である。Aロ笛吹き袍にも似た模様、またぐるぐる巻きの帯は30AB、日本の帯にも繋がるものか（究明課題としたい）。

ロ　中国唐の軍人驃騎兵（ひょうきへい）の黒袍姿は、幞頭（ぼくとう）（庶民の成人男性が普段被る布製頭巾）で、身軽な装備である。

ハ　南北朝時代巻絵の、弘法大使伝記絵（東寺蔵）に描かれる中国官人の袍には、赤また青の下着が覗く。

ニ　聖徳太子の袍姿（奈良元興寺蔵）で、ロと同種のようである。太子は〈26歳〉隋建国の文帝時、第1回遣隋師を派遣。以後朝鮮諸国の冠位制度、儒教等も参考に、理想国家実現を願い、日本初の成文法令を作っている。

［94C イ］

［94C ロ］

［94C ハ］

［94C ニ］

95　垂領・チャイニーズカラー・スリット伝来の背景：図〔95ABイロハニホCイロ〕

［95］93に記したように河南・偃師宋墓に刻まれる雕（ちょう）（円を描いて大空をめぐる鷲）とある宋婦女の図像は、37～58に記した苗族等鳥姿民族衣装具象化、ひいては、持論「図16シャマンの呪衣」鷲ミミズクのアレンジが、彼等前進の地「宋」に見えるもの。

［95Bイロハニホ］初期の韓国・民族衣装チマ（裳）チョゴリ（モンゴル語の上着）。ＢＣ３～６世紀にかけて、中国北部に存在した鮮卑で、苗族などと同じ遊牧騎馬民族。中国南北朝時代に南下し、中国に北魏など王朝を建てている。52Aに記した楼蘭墳墓ではチョゴリの発掘品を見た。イは16⑥記の白い襟の覗く垂領、ロは④鳥の精霊尾のごとき後ろ姿、ハは⑤鳥の風切羽の新生・鳥型衣に必需の脇明きスリットである。ニ　特に精一杯膨らませて座るスカートは、16⑦に記す鳥の尾羽で、卵を抱くごときと思われる。ホ　王妃のチマ・振るスカートは（大地の神霊の活力を呼びさまし、胸肩背には天空の神々が金糸で織り込まれる）神仙思想豊かなシャマニズム的図像である。

［95A］

［95B イ］　［95B ロ］

［95B ハ］　［95B ニ］

［95B ホ］

95C　イ　長いスリットが象徴的な今日のベトナム女性の礼装アオザイで、チャイナドレスと同形（中国語で「襖肆（おうし）」・裏つきの上着でありながら南地の布に変わる）。

ロ　古来、越の末裔37～58に記した苗族などは漢民族に追われ、百越の民といわれ、中国南西山岳地に、水耕栽培の92Aイ稲作文化を築くが、その前進はＢ魏（鮮卑）等遊牧騎馬民族の南下である。

しかしＢＣ４世紀頃、南アジア最古の青銅器文化・東山ドンソン

[95C イ]

[95C ロ]

文化が北部ベトナムに広がり、秦の始皇帝により象郡（中国の県郡的地）南越国（通称ベトナム、漢字で「越南」また「越国」）と命名された、今日53もの少数民族が混在している。

［まとめ］　かつて、垂領は右衽か左衽か、その発生源は如何という問答が続き、Cロの盤領、垂領衣混在しているのを理解し兼ねた。しかし今、盤領・スタンドカラーは遊牧系パオに、垂領・スリット・プリーツはシャマニズム的鳥飛翔の願望に端を見いだし、また東風の前明き身頃は構成面的に、また袖に変化があったとしても、身頃は丈の長短、幅に広狭を見つつ、肩から二つ折りの長い布の脇縫い合わせ方、スリットの有無がその特質であるということで、さらなる考察を進めなければならない。

[96A イ]

96　袍（闕腋袍（けってきほう）・襖（おう））と裾（きょ）　伝来の背景：図〔96AイロハニBイロハ〕

［96A イロハニ］イ　京都御所に展示の天皇の直衣（のうし）（気分を直すの意で、平安時代以来天皇、摂家以下の平常服、袍と同じ）、中国では襖（おう）（裏つき上着、94記のごとき温みのある衣、脇の明いた盤領の上着で、奈良・平安期は武官の朝服・狩衣。建具ふすまの意もある。93Aに記し

[96A ロ]

[96A ハ]

[96A ニ]

た包との関わりの究明も必要）である。また脇下が縫われ、腋裾に襴の付く縫腋袍と襖同様、脇の明いたこのイは闕腋袍・脇明け衣（日中辞典での闕の意は宮門前両側の望楼、また魏闕の意もある）があり、この闕腋袍の広げた大袖は、55記の中国、韓国にも準じ、天空神、さらに赤の太陽と相俟って皇帝の国家安穏祈願の姿であり、後ろ裾には尾を引くごとく裾がついている。

ハ　鎌倉時代中期の、公家・歌人藤原為家の祖父90歳祝賀時の袍姿で長い裾が閃く。

ロ　立ち居時は長い裾を刀先に掛けている（院政期藤原為家の祖父俊成は、現在の蒲郡市を築き、父定家は万葉集の編者、男子為相は歌道・冷泉家の祖となる）。

ニ　公家男子正装の束帯装束のうち、夏の装束用単仕立て内着・下襲で、上着の袍は盤領でも内着は垂領。なお後ろ裾に引く裾の長さや模様に規定があったが、行幸啓（皇族の外出）など特別な外出が許される場では、加飾に工夫が競われたとある（一時期、仙洞御所で院政を執り、仙洞様とも呼ばれた霊元天皇〈1654 ～ 1732〉の御料）。

［国風文化］中国の影響が強かった奈良時代の文化〈唐風〉に対し、これを〈和風・倭風〉文化と呼び、10世紀始め頃から11世紀の摂関政治期を中心とする文化。また12世紀の院政期にも広く影響を与えた。現在まで続く日本文化の中にも、この流れを汲むものが多いとある。さらに究明の必要がある。

和風衣の筆頭に94記のスリットが、脇明き衣・襖・闕腋袍、下襲とも、官人の制服に使われ、加えて後ろ裾に引く裾・自称尾羽こそは、和服（裳裾引く長い身丈、今日腰で端折り、着丈調節様式）の原点と解釈している。

［Bイロ］イ　韓国の男性官吏の上着も、日本同様脇明き袍で、その後ろ裾は鳥の尾のごとく、後ろに引き座る。

ロ　95Cイに記したように、ベトナム・越南国の長いスリットのアオザイも、長い尾・トレーン・大気の礼装である。

洋風の、氷上で舞うフィギュアスケートの男子選手の燕尾服姿を見たが、まさしく燕の尾である。

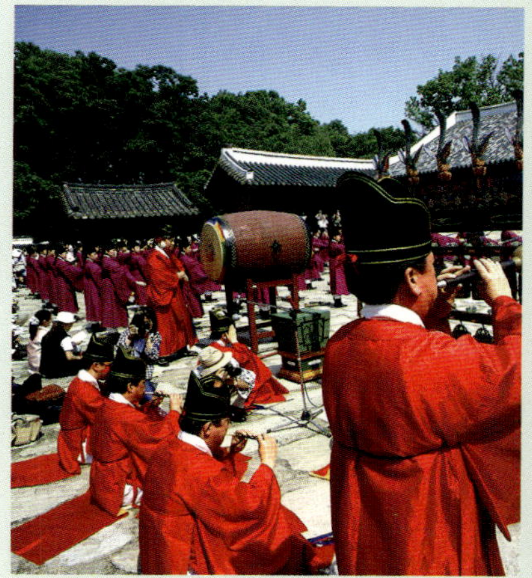

［96B イ］

［96Bロ］

97　下襲と襦袢、裾と裳裾、襖と襖等の到来：図〔97AイロハBイロ〕

［97Aイロハ］源氏物語および絵巻は、今日千年紀をみる最古の王朝文学であり、その背景は琵琶湖石山寺周辺に始まる。93～に記したように、スリットから見る衣一端の袍に、また中国・韓国の様式を踏襲した当時の生活文化も、貴族の生活の中に今日の和装様式の創成を見るようである。まず中国の漢字・呉字（呉の国の文字）にその源を見、和の具象例を探ろう。

イロ『源氏物語』54帖真木柱始め、ハ女三宮で（天皇の三番目の娘、物語架空人物、晩年仏道に入る）、いずれも裾廻りに赤の内着・下襲・93Bロの間龍・袙（外着と同形の柔らかい下着）が強力に覗くが、男装の袍と同様式で、この女装の下襲は後の襦袢の源と見える（孔子の教えから来る儒で、教養があるとか、赤の柔らかい布など）、また伴の字は物を両分する意味があるので、長襦伴から半襦伴が到来したのか解釈する。同時に96記朝服袍には尾を引く裾（尊大なさま、山の麓）が付くが、このイロハの強力な裳裾は（飛翔力の尾、水豊かで尊大な山の麓）同観念と見、またロには94で言及の唐の囲碁士女図に等しく、碁盤から囲碁の様子も伺える。イ　漢字襖（96Aイ・94A温かい上着・袍）と同じ字が和では襖であり、その工法（木組みの網状に和紙などを貼り合わせた住の間仕切り）は、包・襖の重ねる技が同観念の由縁と解釈している。

またパオの観音開きの扉も同様に見える。なお従来板張の床に縁取りの莫蓙（藺草の茎で編んだ敷物で、莫の字が呉の国を示す）が敷

［97A イ］

［97A ロ］

［97A ハ］

かれ、葦で編んだ簾、和紙（こうぞ等草竹冠の示す植物材）の貼られた障子等の間仕切りが、高床式木造に変わっている。

しかしここに襲着る上着袍に始まり、原野に建つパオ・大陸の東端韓国住・土間の生活様式が、隣国日本では一変（東南アジアの高床式住に）、植物繊維の敷物（畳、平安時代は茣蓙や莚、畳んで重なる意）が敷かれ、A ロ長大な裳裾引く優雅な貴族的、あるいは和国様式への進展が見える。

[97Bイロ] イ　平安朝男性袍下襲襟元の色目は四季の色で（袙の白、下襲の赤に若草、桃色）である。ロ　神社の鈴の尾（神水を呼ぶ綱、奈良松尾寺）と同観念の色と気づく。また歌麿の描く江戸遊女も同色の裳裾を引く襲着で、世の安穏祈願の籠る姿といえようか。

[十二単、唐衣について]

誠に推論の域ながら、12 か月の色目を纏めて単と命名した間籠の観念。また 21E 記の唐衣（袖は象の耳、紐は鼻でインド発南伝小乗仏教的）を羽織る最礼装も、襲着た（北方山麓の景・北伝大乗仏教など）、あらゆる宗教的神仙思想を含め持つ装束と解釈できようか。

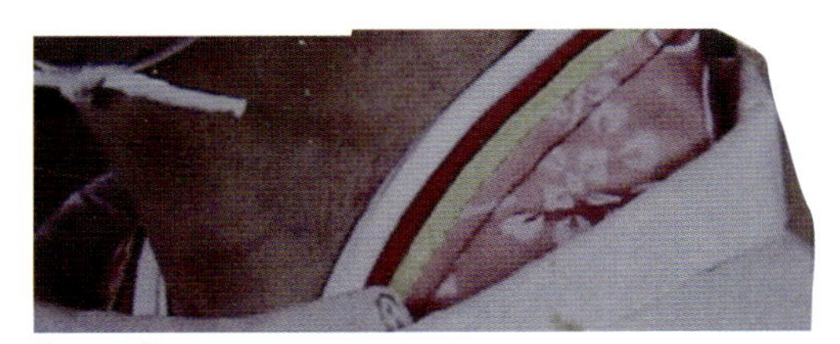
[97B イ]

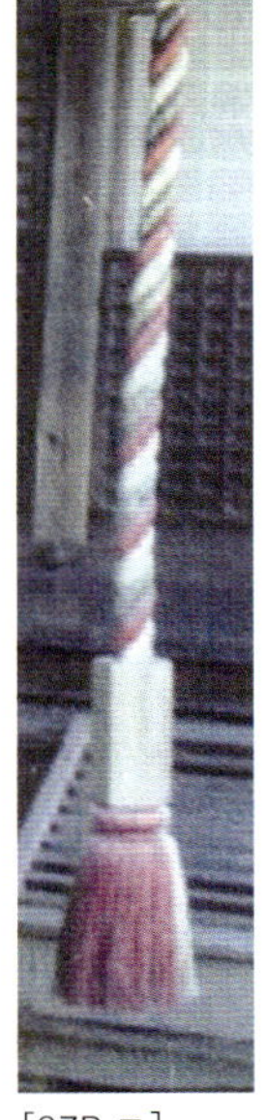
[97B ロ]

N　稲作系、遊牧系　装いと伝来

[98A]

98　水田耕作と荷運び・背子：
図〔98ABイロハCイロハニ〕

［98A］水稲の水田耕作は約一万年前、揚子江中下流域に起源があるといわれ、日本へもこの地方から伝播したとされる。

36記の雲貴高原に見る水田耕作の風景は、18CD記の牛のくびき＝ヨーク＝ヨガの実質的な景。ひいては背子の発生源と注目したい。

［98Bイロハニ］インド北東端アルナチャールプラディシュー、ナガランド州等は（南はアッサム州、東はミャンマー、北は中国、西はブータンに接し、なお87Aイにも記したように、ヒマラヤ山麓東端から西に流れるプラマプトラ川は、バングラディシユーでガンジス川と合流、ベンガル湾にそそぎ、その三角洲 は農耕で繁栄する)、30におよぶ少数民族（モンゴロイド、インド、パキスタンから）が独自の伝統文化を保持（五穀豊穣祈願祭・サルビドウでは、実存シャマンの祈祷も見た)、現代文化とも混淆生活の地である。

[98B イ]

イはアバタニ族婦人で、鼻中央１本から顎にかけ刺青が、また鼻に木片をつめ（牛に似た刺青は当世代まで続く)、A　くびきのごとく、胸に紐を掛け、荷を運ぶ。

ロ　アディ族のおんぶ紐は頭に掛ける。

ハ　村の若者が婚家に祝儀用食材を運ぶところであるが、背の籠は46Dにも記したように、後の背子のベストの発端と解釈する（間籠、シャマンの背に担われる宝と自称、中国では広く袖無し上着に

[98B ロ]

[98B ハ]

なる。）

［98Cイロハニ］イ　ネパールのポーターに白布の襷（たすき）姿を見るが、18CD 記のヨガくびきの像の具象形と思われる。

ロ　貴州省でも同様式の背扇（44C 記の繍尽くしの芸術的創作のおんぶ紐）がある。

ハ　仏教王国ブータンでも男性はカムイ、女性はラチュー（幅広い布を畳み、襷状に掛け、広げて荷や子守紐にも使い、略袈裟も同様式の紐を見る）を掛け正装となる。

トルファン遺跡出土の像で、薩菩の胸に襷が見られ、天人像にも同様である。

ニ　アディ族また周辺婦女も、球数（じゅず）状に天然石（大地の恵み）のネックレスで正装となる。

［襷とは］牛馬の引く力の具象形態・神綾なす大地になる繊維であり、紐・襷・籠にもなり、生命の営みを支える根源である。なお、背子（袖無し上着）にも注目する。

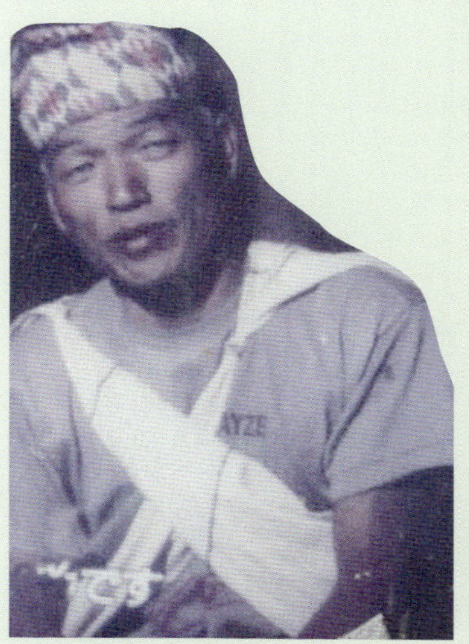
［98C イ］ネパールのポーター

［98C ロ］

［98C ハ］

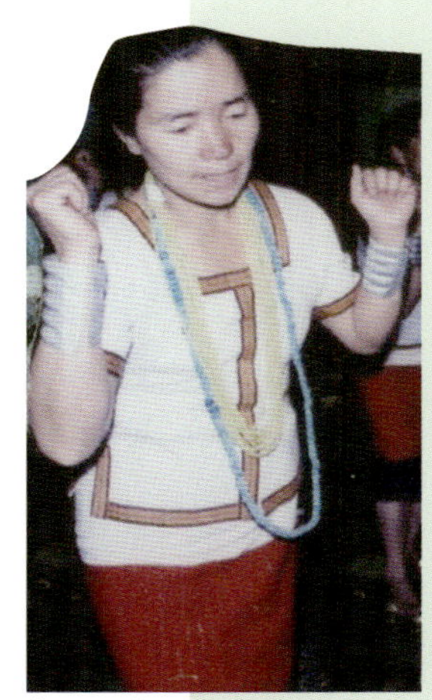
［98C ニ］

[99A イ]

99　半被（背子）・袢纏渡来の背景：
図〔99Aイロ Bイロハニ Cイロハ〕

［99Aイロ］イ　アディ族の装いの今昔・幼児（孫）は現代ニットのＴシャツ、老女は２枚の巻衣と杖を持つ姿。

ロ　古来護身に刀が必需の、マケドニアの勇士獣狩りの巻衣姿（BC300 年出土、エーゲ海に面したバルカン半島、アレキサンドロスの故地）を。イの老婆の杖姿に準ずるものと見る。

［99Bイロハニ］イ　ミトン牛の角、稲藁細工など収穫物に覆われた玄関に立つ村長で、Ａ　同様パドン（虫取りの刀入れ）を持ち、その衣装は日本の半被と同様式である。

〔中国では袖無し、垂領、前明き、七分丈位の上着は広く背子・褙子であるが後述するとし、着丈が短い半被また袢纏は背が特徴。〕ロ　シャマン呪衣の背鳥の精霊、また 98Cロ　背扇（縦長矩形布の四隅にある繍尽くしのおんぶ紐）と同観念の模様で。ハ　日本東北特有であるこぎん刺し（太めの縫い糸の平縫い）で刺されている。〕　ニ　横糸の太い綿グログラン地で、和の反物幅（36cm 程４幅）である。

［半被、袢纏とは］　中国で水田耕作の（定住）生活で子や籠を背負う背子に端緒を見る装いながら、日本では農漁業に関わる労務着（袖の有無にかかわらず、胴の形状中心として見る）、袢纏は同形ながら、纏の字（纏わる、モンゴル軍の旗）で火事場の火消し、漁労の

[99A ロ]

[99B イ]

[99B ロ]

[99B ハ]

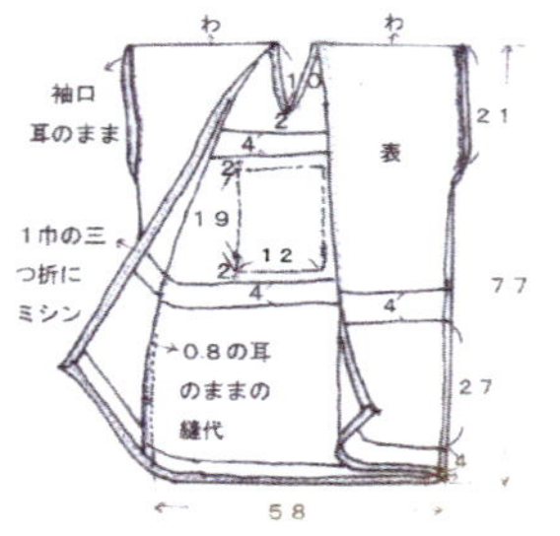

[99B ニ]

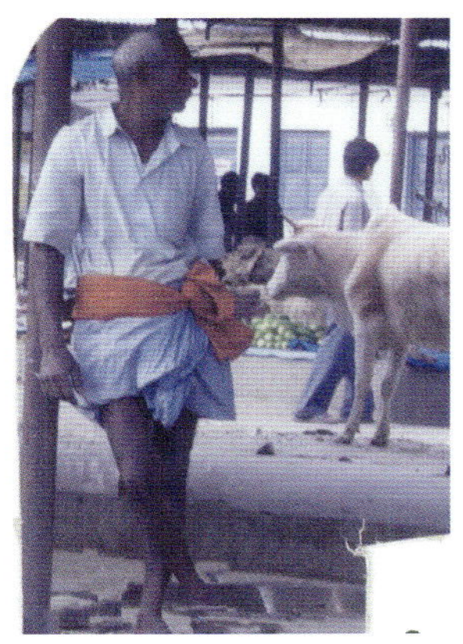

［99C イ］

［99C ロ］

［99C ハ］

大漁旗など纏いと共に立つのが袢纏となっている。

［99Cイロハ］イ　東北三陸海岸の海女（NHK朝ドラ「海女ちゃん」で有名になった）の赤幅広蝶結びの帯は魔よけである。ロ　アルナチャールプラディシューの市場でもこの赤帯姿を見て驚いた。ハ　また同じ雲南省（雲貴高原）で、赤帯が 結ばれた樹（NHK画像）に興奮。しかし中国では龍樹等と樹は大地の水を吸上げ、天神に向かって伸び、あらゆる生命を守護する貴重な材、日本の祭では御神体・神そのもの、また52記のモンゴル衣装はBaumwollen（人体＝樹の命名もあり）、和装の特に腰紐、帯上げ（太め絹赤地など）帯類の、表象的由縁もここにありといえまいか。

100　襟（糸瓜襟）の成立＆背子渡来の背景：図〔100AイロハBイロハニ〕

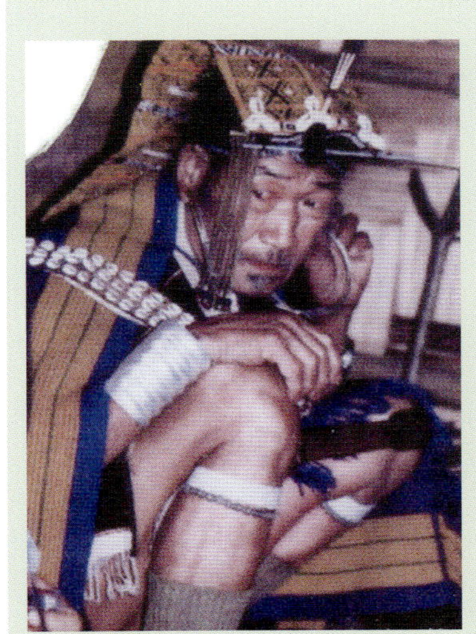

［100A イ］

［100Aイロハ］イ　98、9に続き、アディ族のサルビドゥ・五穀豊穣祈願（各家に僧を迎え豊穣を占う）の装いは、シャマンの姿で、コード繍で縁取られた青マントー（また、主として海洋交易通貨に見る子安貝の襷またブータンのカムイ的腕のリングなど）がアクセサリーズである。

ロ　98Bホのアディ族の婦女も、白地でイ同様繍の縁取り部を折り返し糸瓜襟・天糸瓜ともなり、礼装のようである。

ハ　勢い日本の越中へ渡り南下、東海岸との接点塩尻の漆師に、同様式の（重厚な繍に黒縁取りのある）糸瓜襟・ショールカラーが見える（中国越方面から渡来の文化かと推察）。

［100A ロ］

［100A ハ］

［100B イ］

［100Bイロハニ］イ　正倉院展の呉女の背子（樂舞用上着）752年東大寺大仏開眼法要でも演じられた「呉楽」と称される神、仏、人をもてなす「もてなしの芸能」で用いられる衣装は、その上着は袷で、緯錦（横糸で地色や文様を織り出された布帛（布と絹）、裏は浅緑絁（太糸で織った粗製の絹布）とある。また単なる2枚の長布、背での縫合わせは、和服構成の源と伺える。

ロは、95A記の宋墓に刻まれる砕雕（砕は細片・雕は猛鳥・鷲、すなわち細い布片で鷲の尾を表現する）、自称鷲ミミズクの尾の具象様式と、またミャオ族、韓国族などの裳・プリーツスカートのオリジナルかと解釈される。

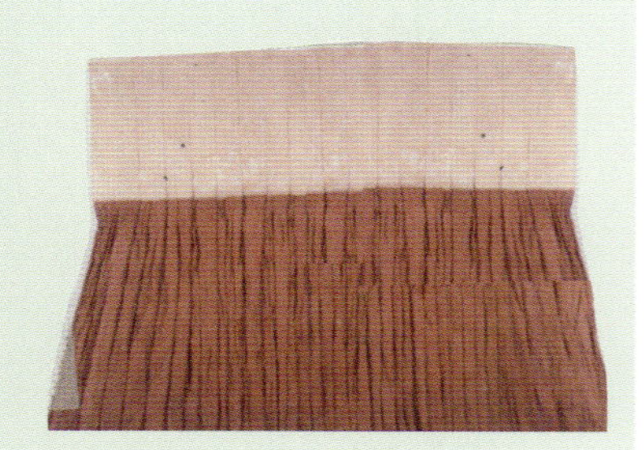

［100B ロ］

越前、和加佐国比女神もイと同様式の背子で伝来という（呉は222～280年長江流域に建業、今の南京付近に置いた都を晋の大軍に包囲され滅亡。この時大勢の人々が日本へ渡来、稲作と鉄器、織物を伝えたとある。漢字の呉服は呉の衣ながら、御服は①天皇・上皇の尊敬語②仏に供える煎茶の尊敬語で、渡来品はまず上皇・（神）への献上となっている）。

ハ　構成面では背子と同様式 ながら、宋式の背心とあり、北方宋に生る単、袷、綿入れの馬掛児でもある（背心は上下衣の間に着る前明きでないジレー、チョッキ、肌着などを指すとあり、これらは西方への伝播かとも思われる）。

ニ　日本の武将着用の陣羽織で、生地はフランネルを模す「毛だし木綿」、背に「丸に四つ割横木瓜紋」、前は「糸瓜・天糸瓜襟」で、中国では唐瓜、急須は瓜が多く、西瓜は飲水代わりに常時馬車に積む。

なお、天水の海綿ともいえる瓜の図像性は、常備水保持願望の表象である。羽織る衣の襟もこれに準ずるものと解釈される。

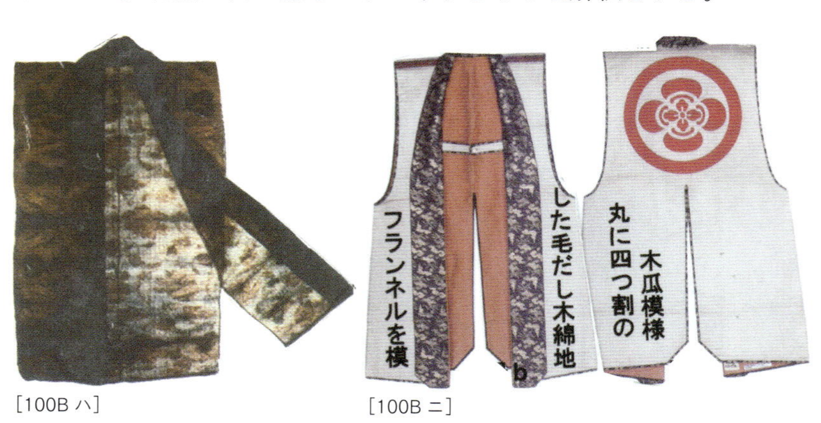

［100B ハ］　［100B ニ］

101　木瓜桐文 緋羅紗陣羽織　渡来の背景：図〔101A イロBイロC〕

［図 101A］　陣羽織も袖無し上着、図 98AB 記と同種の背子と見る（しかし、背子とは、農耕生活中紐、籠など植物繊維を主材に、中国・南部長江文明域に広がる羽織とし、デザインに応じて、名称も異なる）。

イ　日本初の陣羽織は舶来羅紗地（らしゃじ）のようで（信長の天下取りも叶う安土桃山、南蛮交易文化萌芽期）、また羅紗はポルトガル語で毛織物の一種である。

［101A イ］

［101A ロ］

［緋羅紗、桐文について］

緋の会意は、糸＋非（羽が左と右逆にそむいたさま、ぱっと左右に開け）目の覚めるような感じ、101B イロ　羅は（目の連なる網、鳥を網で捕える）目のすいた絹織物、紗は糸＋少で、細い糸で織った絹とある。

イは、ヒマラヤの秘境、ラナ・タルー族（インド、ラジャスタン王族子孫）の、水田で集団魚捕りの景であるが、この大きな網こそは目のすいた羅紗の原形と見る（なお、大笊での魚すくいはインドネシアでも、また鳥取県〈鳥捕り生業からの名〉の、泥鰌すくい原風景ともうかがう）。

また、ロ、敦煌莫高屈・四目四冠の阿修羅神（嵐の後降雨を促す神は、四つ目の見通し、大自然表象の赤青スカート）と同形スカートをタルー族もはき、その作業の景は、総じてつつがない豊漁祈願の表象的図像といえよう。

［101B イ］

［101B ロ］

［羅紗地とは］

まず糸状の絹、麻等で織られ、後に綿花、羊毛等綿状の撚り糸でも織られる（羅紗綿（綿で織られた紗））。羅紗縮（羊毛の縮緬状等）、広く綿・毛区別なく網目状織物となる。Aロ　戦国武将毛利輝元（安芸の国・現広島西部を支配）の所有と見る天鵞絨地（ビロード地は京都でも織られる）には背に五七の桐文（桐は中国原産で鳳凰が棲む木と神聖視、日本でも桐は生活に有益な必需の材で桐紋は菊に次ぐ高貴な紋章とも）がある。

また木瓜（100項に記した糸瓜同様、水保持祈願の標）も付き、あたかも水、糧のリックを背に戦いに挑む羽織ともいえようか。

［101C］　沖縄伝統舞踏「赤馬伝説」で、中国・三国志登場の赤兎馬（赤毛で兎のように早い名馬の名）が、武将へ献上されても、最期は飼主の元に走せ戻り、息絶える物語）。

赤馬の碑にも見られる舞踏の上着は、図100に記した背心・馬掛児と同形（ただし後「乳」と呼ぶ環に前紐がつき、長い折り衿図84Bロ記の洋風の糸瓜襟も水保持祈願・水筒の抽象形態と解釈できる）。

［まとめ］背子は稲作系で人力の子守紐（ただしハ牛車の頚木の綱と同観念）や背扇がある。背心・馬掛児は遊牧系、人、荷を安楽に運ぶ馬の鞍・馬にあやかる力、しかし総じて、牛馬にあやかる恩恵・神通力への感謝の表象が「羽織」、特にその折り衿に潜むといえようか。

［100C］

O　終　章

102　法被と標縄・子孫繁栄祈願の旗標：
図〔102AイロBイロハニホC〕

[102A イ]

［102A イロハ］モンゴル語でブフ起源はBC3世紀頃、馬を早く走らせること、弓を射ること、力強く組み合うこと等3種の競い合いから派生する格闘技であるが、宗教的な奉納儀式、さらに軍事訓練的要素も併せ持つ。相撲に似たところからモンゴル相撲ともいう。

イ　二大様式の一つハルハ（モンゴル国）のブフ、力士のベスト（ゾトク）、ラクダの足のようなパンツ（ショーダク）の、獅子の身体をした鷹の羽ばたく姿で入場、舞い下りる所作は、鷹と種ラクダの合体を示す。

ベストとパンツの縁は数本の平縫い、78に記したの水流中央の小房はラクダの尻尾で、砂漠の舟と空の勇者鷹との融合でもある。

ロ　長崎くんち（収穫感謝の奉納祭「御九日」が語源）の子供用法被の袖（法被は祭事用で、99記の半被、袢纏は労務的）は、モンゴルのベストと同形、背は孔雀（コブラや毒虫を食べる孔雀明王は〈災害、苦痛を取り除く功徳〉また雨予知に優れ、雨乞い〈祈雨法〉）的図像でもある。

[102A ハ]

［102Bイロハニホ］イ　アルタイ自然公園草原石・石人で墓標を守るがごとき石柱・馬の男根の象徴。ロ　モンゴル相撲の勝者は、稲藁のれん状ネックレスを掛け、待機する。

ハ　九州・薩摩に中国人が持込んだという馬頭観音は、豊穣の賜、稲藁の標縄が張られ、馬の保護神である。

ニ　因幡の白兎伝説に所縁のある白兎神社の入口にある御手洗所

[102Bイ]

[102Bロ]

[102Bハ]

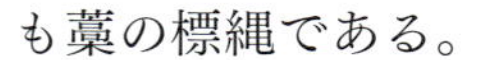

も藁の標縄である。

ホ　赤い鳥居（種子運搬役の来鳥を待つ）の神社入口には、101に記した羅紗状網目の標縄のれんである。

［102C］日本の力士は天皇の守護役を担い、社に従属、祭事に奉納相撲は必定、神社と同様式の〈のれん状回し〉をつけ、特に横綱は国の守護神と神格化される。太い綱の注連縄（しめなわ）での土俵入りで（モンゴル・ブフ、またシャマニズム的のれん状・鷹の尾に準じた）天空神が地母神へ奉納する姿。国家・子孫繁栄祈願の標、衣装筆頭の宗教的小道具である。

［102B ニ］

［102B ホ］

［102C］

103　礼装・晴着の要因、森林草原と森羅万象：図〔103Aイロハ Bイロ〕

［103Aイロハ］イ　烏（からす）と獅子の競技を故服に袈裟姿の僧が取り囲む。中央は巫女、左下は護摩壇とモンゴル新年祭事の景で、晴着成立のオリジンがここに…と考察する。

「まず餌を得る賢者・烏（図24Aの烏の濡れ葉色、①1片25cmもある羽毛も一天空神、矢じりの原形。また地上の勇者獅子に必需の髭や毛は礼装筆頭に求める材・艶やかな繻子、繻の会意は②柔らかい糸＋雨、雨水にしっぽり濡れたさま〈髭も同観念と見〉の源と解釈する。）

ロ　仏教王国ブータンのパロのチェチュウ祭（ブータンはヒマラヤ山脈中の王国、住民は主にチベット系およびネパール系、春3月街をあげて行なう農耕儀礼）に参加の僧の袈裟は、［99Aロ］　獅

［103A イ］

103Aロ

子狩り勇士の1枚布の巻衣様式である。その縦横線は宗教語で竪条、英語で vertical bands（竪は声明、垂直に立つ、樹の傍に召使が寄り添い立つ）。横竪で横と縦、空間と時間、相音（6C 記の葦笛・ソアール）等、vert は（鹿の隠れ場所として）森林中の草木、条は細長い枝、筋状等。band は縛る、紐、群れ等の意。

なお、縦横線共に葉の緑に覆われた地、未熟な〈果実、人〉、新鮮な、若さの意ながら、① leaf 小枝、② blade ショウブ、アヤメ等細い葉形から「刀」の意も含まれる。③ lead 先導する、運ぶ、④ neadle 縫い針等も含む。裟は薄く透けた布（中国では霞布・霞と肩掛け、襟等に多く、またハ　若い僧のベスト（背子）も羅（網目状花模様で花咲き鳥飛び交う楽園の象徴的図像）である。故に、格子の袈裟は、霞棚引き鹿棲み、鳥囀る森林草原北で生物生存保障の地の観念形態となっている。

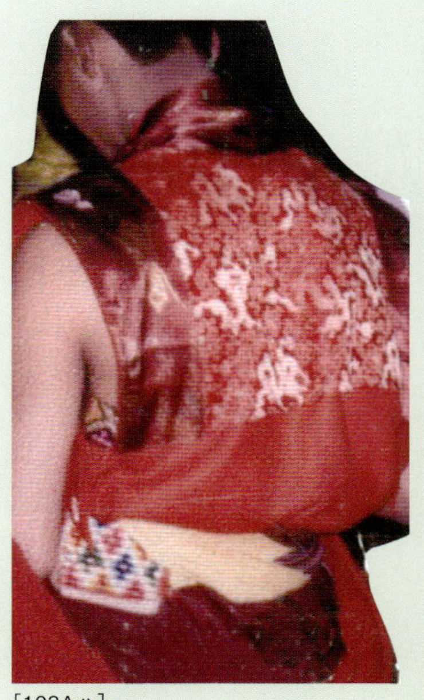

［103Aハ］

1333 年鎌倉幕府（武家政治）滅亡後、「建武の新政（天皇自ら行う政治)」開始時、後醍醐天皇の礼装は、官人朝服の袍ながら、Aロにも準じた袈裟に独鈷、頭頂に稔の果実を頂き、柔らかい髭も見えている。なお、背の Flag（ひらめく旗）は長い羽、翼の意も見るモンゴル発、戦いに必需の旗標、その 三大神（八幡神は戦、天照神は豊穣、春日明神は群がる鹿）に包まれ、国家安泰祈願の姿である。

京の上加茂神社の出現は葵を飾り、馬を走らせ、八咫烏の姿で一行を導くとある。

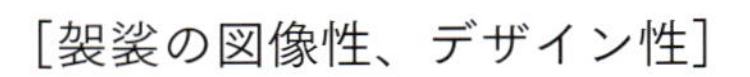

［袈裟の図像性、デザイン性］

今日縦線は高尚・権威、横線は永久・平和の反面、疲労した等のデザイン原理を見る。

しかし、袈裟の縦横線は必需の水分立ち昇る霞・紗を景に針葉、広葉、落葉の樹々を腐葉土が支える森林、華麗な角の鹿、囀り群れ飛ぶ鳥々、これらもやがて諸動物生命保持の源・糧とも成り輪廻転生の道理を語る縦横線で、天空神と地母神の間で祭政一致を司る礼・正装でもある。

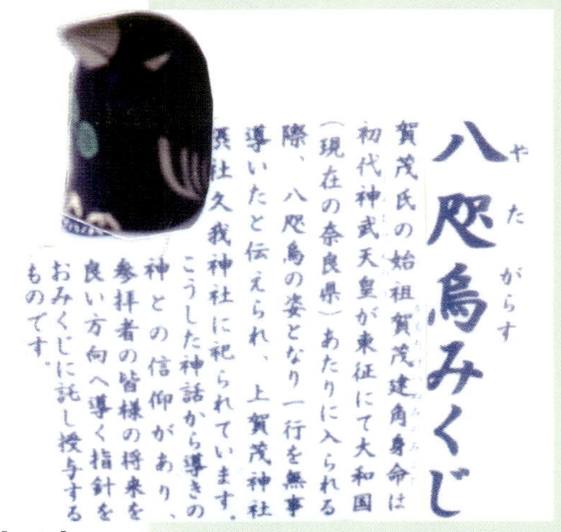

［103B］

［104A］

104　正装の因子＝和の需、洋の Knot と立襟：図〔104ABイロハ〕

漢字「和」はやわらぎ、丸く纏まった、平和、調和の感情を表象する。「鉤簾の戸」（恋の情緒を謳った艶もの）として、京都南座で演じられた玉三郎の艶やかな和装を見たことがある。特にその赤い長襦袢（97 に記した『源氏物語』にも見る）に和の創造・真髄を見ることができた。

A　折り返して覗かせる赤い襟、①前裾を折り返し裳裾引く襦袢。中国伝来、上皇の下襲（93 に記した 2 つの龍の飛翔力をも秘めた上着と同形の下着）間籠に準じるもの、また安寧の居パオの胎児の宿る胎内とも、またその扉を開くがごとくに付く 84 にも記したオーバーコートの赤見返しとも同観念的に、前裾を開く着装と見る。　②艶やかな赤の襦袢は（襦のしっぽりと柔軟な絹の糸に始まる衵・柔らかく暖かい赤と、袙・白色があり、また袢の字（二分する）で、96 に記した長い裾等を切り、丈を調整するものが、今日和装の襦袢・下襲と解釈する。

なお、襦の字も、シャマニズム的思想を逸脱し、儒学・儒教の儒と解釈。（何事も中庸を善とする孔子の教えに基づく袢と推察）。③歌舞伎に演じられる巫（女）・覡（男）も（舞、音楽で神を招き、神に仕えする人。古来信仰と生活の結びついた巫は王と同等の聖職、地母神的役を担う）赤下襲の和装も、10A 記（地中海に見る）地母神信仰と（頭装 60A、103Aイ記の西方に見るライオン・先天的柔らかい髭〈需〉を持ち、優然と横たえ、餌を狙い待ち、子を育てる親の姿）同観念的に北東大地の安寧の居・包、ひいては和の都に生れる安らぎの装い間籠に包まれた和服・着物となっている。

［104B イ］

［Bイロハ］和の寛衣に比して、洋の窄衣は偶蹄の脚・蹄が原型のタイトな袖、加えて肩先の shoulder knot・肩章が象徴と見える。

イ　モンゴル正装につく knot は 63B に記した、ハンザ商人が一人前の証に授かる、先に結び目のある 1 本のロープ・紐飾りで、それと同観念の珊瑚の飾り紐が 3 本、鳥の爪のように銀細工のノブ knob（取手、節目等）から下がる。16⑤シャマンの呪衣では、肩先の保護と皮紐飾りであり、これらは羽の翼角（要、間接を動かす瘤）の観念形態と解釈する。

［104B ロ］

［104B ハ］

ロ　Alexander Amatus Thesleff（1778-1847）のモンゴル旅行中の装いで、Knot・肩章は不朽の金属の紐。ハイカラーにも立派な縁飾りが付き（84に記した小さな輪・パオの頂頭園・circle が原型）「永遠・宇宙・完全の象徴」である。故に軍服の Knot・飾り紐は、北方大地に生る鉱物材の撚り紐、綱、鎖等、自在に事物を確保・固定する力であり錬金術発明の賜と考える。当 knot は（宇宙を掌る天空神の）天への飛翔力の塊と自称（初の馬脚保護の蹄鉄が戦勝を導き、八咫烏の餌確保力がサッカーのシンボル、またユニホームに見る肩３本線はBイの knot、また103Bロ記の八咫烏の先導力の標章、観念的図像と気づく）。

ハ　主教の Broach は先の尖った棒・ピン・針、教会の尖塔等、またコスモスの花・菊等連弁の野の花は circle 自身のうちに秩序と調和を持つ宇宙または世界の意があり（A の鉤（かぎ）も小さく曲がった金具、還、自在鉤等、また簪、襖の取手、釘の頭隠等）、巻衣肩の止め具 knob は knot と同観念。今日ホーマルウエアには必然的アクセサリー（宗教的小道具）の感がここにと、解釈される。

105　明治維新　到来した洋装とハイカラーの語るもの：
図〔105Aイロハニ〕

［105Aイロハニ］漢字「維」の会意は、隹は①ずんぐりと重みがかった鳥＋糸で押さえ引っ張る綱、四隅を引っ張る綱（テントのよう）、②体制を引き締めて押さえる、③生活を引き締める礼・義・簾・恥の四つの大元等。104Bイロ　knot・綱・紐飾りも（上着＝包（パオ）、また人柱の解釈から）一具象形になる。新は（会意兼形声で）木を切ること＋斤（オノ）を近づけて細かく見定めるさま、となる。陸奥宗光は伊達正宗の末子、陸奥・伊達家から分家した駿河伊達家の子孫。幕末から明治時代の武士、政治家、外交官。特に伊藤内閣（初代内閣総理大臣 1885 年〈明治 18 年〉）の時、外務大臣・カミソリ大臣とも呼

［105A ハ］

［105A ロ］　［105Aイ］

ばれ、不平等条約の改正に辣腕をふるうが、その妻陸奥亮子は士族の長女として江戸に生まれ、花柳界にも身を置くが、身持ち確かと宗光の後妻となり、子も育て、日本赤十字正社員となり、その美貌と聡明さで「ワシントン社交界」の華とも呼ばれた。

宗光の衣は、縁飾りのあるテーラードカラーで、③礼の条件を備え、霅的髭もあり、妻亮子は circle・盤領の立襟（ハイカラー）で、維②③の条件を備えている。

ハ　文明開化の象徴、鹿鳴館は明治 16 年（1833）旧薩摩藩島津家上屋敷跡（現在の千代田区内幸町）に、国の威信をかけ、イギリスから招いた 20 代の若き建築家ジョサイア・コンドルに設計を委ね建てたもので、その名、鹿鳴とは並立する枝角も凛々しく、餌収得力に優れた鹿（テーラードな袖のオリジン）を示し、森林草原の幸の景・奈良公園とも同観念的の館〕での、賓客も招き、舞踏も伴う晩餐会を催した。

舞踏会の男装は、(83 に記した、羽目板のような切り換え線で、維①②的胴を締めたフレンチ　スタイル、リッチな都市フランケン市のシンボル・イーグル）天空神的白頭鷲の尾を引き疾走する姿・西洋文明筆頭の財と幸の表象のフラッグ・flag コート。そして女装は 10 ～ 16 記の、豊穣の大地、水辺の表象・地母神的フル・full スカートである。しかし当初 104 に記すごとき、艶やかな着座の着物を脱ぎ、騎馬を脚に疾走する大草原に生るドレスへの変容は容易ではなく、前記陸奥亮子を始め , 木戸松子（幕末維新の三傑桂小五郎の恋人、芸姑幾松）等、巫（かんなぎ）・地母神的援助力も大きい様子の記も伺う。ハイカラ・洋装化を気取ったり、流行を追ったりする蛮カラと、もじったりされるが、しかしそのオリジンは 93・94 胡服の盤領である。

ニ　明治維新、昭憲皇大后御大礼服は、(86A 記の元（げん）、モンゴルの侵略時でさえ当地〈現ウズベク・旧イスラム〉の文化は変えられなかったとある）ハンアトラスと同観念的に、さんさんと照り輝く赤・日照、10ABC 記の連弁の花咲き誇る「トレーン」は長いほど安寧の大地・地母神の輝き具象の図像となっている。

［105A ニ］

106　天地間デザインに読むシンクレティズム：図〔106AイロBイロ〕

エリアーデは「宇宙的二元論」・シンクレティズム（宗教、哲学的諸説融合）を述べており、「宇宙木」（モンゴルの衣装姿も人柱で）、その木全体性の中に宇宙を現出している。

宇宙の創造は、両極の根源を表す二神、すなわち女性は下位の領域にあり、水や蛇で表され、男性は上位にあり、鳥で表される。その間の抗争の結果と、根本はアミニズムに基づく混合宗教、また祭政一致にあると述べている。

［106Aイロ］もともと鎧は仏壇を背に戦に挑むようなものか、なぜ小札の集合か、と迷想中アイヌの鎧にフクロウを見た。また韓国のチマ・チョゴリが、シャマンの呪衣鷲ミミズクの形と構成面から解り、「衣の呪的面の究明」という主題を頂戴する。以来、名著エリアーデ『世界の宗教史』を座右に、シルクロードを中心にユーラシアの大陸をはじめとして、本書のごとく探ってきた。

その大要は、大地の水と動植物・森林草原を背に「天が落ちぬよう丈夫な支柱を立てる」、また鳥を至福のシンボルとし、「鳥の生態を観て生きよ」等、シャマニズム的思考の基・狩猟、採集生活。

ついで羊、馬を家畜の遊牧生活は包（パオ）の後に、排泄物も貴重な燃料、日干煉瓦の壁、瓦屋根。その形も、イ　水中の魚また水陸接点泥地に棲む蛇など、鱗形の鱗屋根、またロ　先が尖った鮭か鳥の羽形とも見る瓦、その名も翼の雨覆い。これらは大地に根を張り、日陰を作る大樹（宇宙木）のごとく、人の知と技で生み出す安寧の住空間である。

その瓦と同じ羽または鱗形の小札が鎧・甲冑で、人・人柱を覆い、時に争い、領土を獲得・安住の空間を得る行為は、鳥の巣作りにも通じる。その本質は、宇宙下位の母なる大地に生る「魚」と天空の

［106A イ］

［106A ロ］

［106B イ］

［106B ロ］

「鳥」、天地二神宇宙間のシンクロナイズである。

（またこの行為はタタールの群雄割拠を嫌い、定住生活を求めた東欧に顕著に伺える）。ついで、族の字「矢の方の人」と騎射の戦法に長けた「騎馬遊牧文化」は錬金術から鏃、蹄鉄、車輪と馬の力に肖（あやか）り、機動力（車のオリジン）が加わる。一方南下した「百越の民、水田耕作、稲作文化」は、牛の頚木（くびき）に肖りながら、大地に生る稲藁、諸繊維、撚紐飾りの材などを得る。

［106B イロ］京都西陣祇園祭の鉾は宇宙木・御神体、その鉾建ては古来のままに稲藁で結び挙げられる。西陣織商力の結晶布、紐飾り等、遥かペルシャ絨毯（神の絹糸、神の子羊の毛糸で）大地に生る材・神の結晶で包まれている。常に先頭を切る長刀鉾では、神の使いともなる稚児の「太平の舞」、萌葱色の袴、冠は光輝く蝶の羽、トンボ、孔雀の羽等、熱帯・亜熱帯の材である。

107　マテリアル・素材・地母神と天空神：図〔107ABイロ〕

前頁 106A 祭事の御神体鉾を覆う世界各地の物質・素材・マテリアルは（本質の意もあり）大地にある諸動・生物 mother 母（雌）から生まれている。その母に対し father・weather である父（雄）はよき大地を育むべく風・雲・天候の管理役を担い、母なる大地・地母神に対し、父は天空神である。

102Cに記した、上皇・国の守護役と、古代の祭の作法に則り、今日世界から力士が集まる相撲、その勝負に勝ち抜き、神の標・蛇の観念形態・注連縄（しめなわ）を締めた横綱は、今や世界の守護役をも担う力・生神・天空神の姿がここに、といえよう。

［107A イ］

　また鎧・甲冑・軍服等は、よき地獲得の戦う力。小札、紐飾り等、男性・天空神に必需のアクセサリーズで、地母神（大地に生る材）の神通力・援助力、ネクタイ、スカーフ等にも準じている。

［107A イロ］ドイツの古都ローテンブルク。起源は970年頃で、幾度か闘争と破壊、特にヨーロッパ大国同士領地を競い合う30年戦争時、先祖はこの姿で戦い、街を護り抜いたという。街も衣装も当時の姿の祭、マイスタートルンク・聖霊降誕祭の賑わいは「ローテンブルク　街道の宝石」ともいわれる。また、ロ　官人職希望の留学も断念し、伝統的な街に、家業「焼き菓子製造業」に誇りを見、帰国。祭りに参加の息子は、他国人は着られぬ白衿の伝統衣装に、何よりも古来のままに髭が必需で、5週間位も前から蓄えるとある。

（なお、この白フラットカラーとは、餌獲得力最強の白頭鷲の降下、精霊降誕祭も同観念の図像と今直感する。83AB記同じドイツで「富める土地リッチモンド」はイーグルがシンボル、またモンゴル民族衣装の白カラーも鷲の収得力欲求が本質的図像と解釈される）。

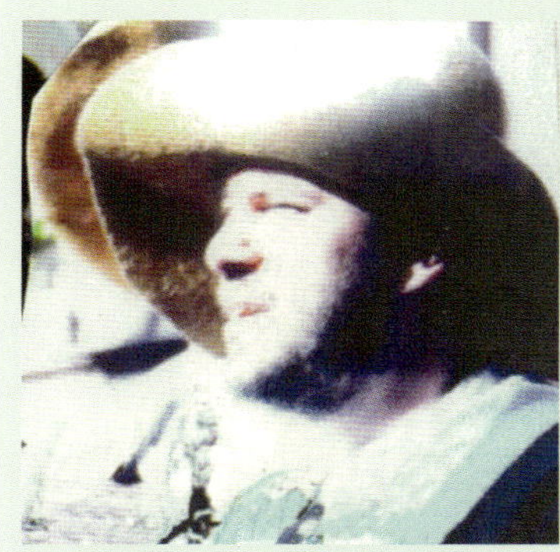
［107A ロ］

［107B イロ］　かつてイギリスの機械化、大量生産による産業革命以上の革命ともなるコンピューターによるＩＴ革命時（手書き毛筆は無かと思う程の）。イ　通信網「光」配線作業員（専門大学出身）の顎にもAロのごとき髭が、ロ　もう一人も同様の髭に加えて、社の制服と右肩から縦に、自称鳥の脚表象の３本線があり、髭を聞くが大意はない様子。しかし「髭のルネッサンス」と撮らせてもらったもの。

［107B イ］

103A　モンゴル新年祭事に見る鳥と獅子、60A　ライオンの砦など、いかにもイスラム文化の象徴的図像で…。その髭がしっぽりとイスラムにもアイヌにも民族の古老に仙人に、とかく熟練者・聖人、中世のマイスター証のごとくに、そして日本の御醍醐天皇、陸奥宗光等、革新的時代変遷期の高貴な人々にも見られる。しかしこれらは、古来のシンクレティズム・天候を左右する天空神（男神）の力の表象・自前の宗教的小道具と解釈する。その本質は儒力、田畑をしっぽり潤す霞、水滴また棚田の水を指２本程の栓で調整、また砂漠カレーズの水護り、最新通信網の設営等、即ち古今東西を問わず生物に安寧の大地を育む力・健全なライフラインの実行（政治）が天空神の力・本質となる。

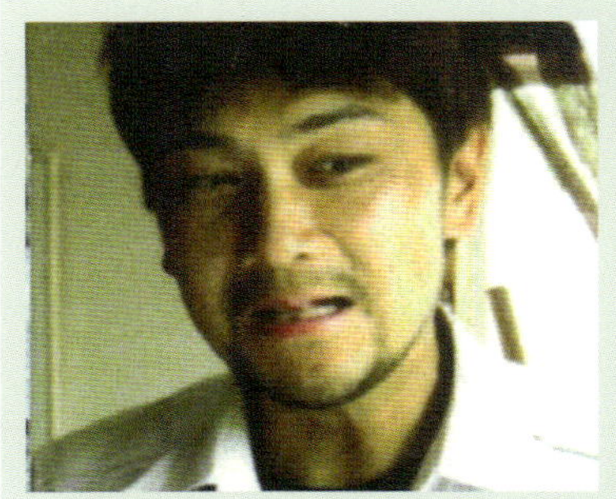
［107B ロ］

108　袍に読む［宇宙二元論］技（業）・美術：図〔108Aイロ〕

エリアーデは名著『世界宗教史』において「宇宙二元論」を唱え、人もまた大地の樹木「宇宙木」と例えた。宇宙の創造は樹木の全体性の中に現出しており、また天地二神間の抗争の結果である。その根本はアニミズムに基づく混合宗教、祭政一致とした。また、シャマニズムでは「鳥の生態を見て生きろ」という格言が示すように、人々が着る衣装も樹木の木肌と同観念に、窄衣も、寛衣も、黒衣も、根源的本質がここに潜むと考える。なお、辞書による技とは①神意のこめられた行事。②深い意味のある行為。また美の象形は羊である。

［108A イ］

［108A イロ］イ　わが国飛鳥時代の吉野曼荼羅図等にも「天神として降下」は描かれている。黒袍姿は、上皇、官人の騎馬と供の野外狩衣姿（官人の労務着、藤原鎌足の図像）。この衣は 94C ロ唐の軍人驃騎兵の袍と同質で、胡服、燕尾服とも同観念的な図像になる。また 107A イにも見える天神としての降下＝鷹、鷲等の子育てのための餌獲得の技といえ、黒袍姿の官人も、万民のための恙ない豊穣の地の確保するために、その労長けた技で政を行うというのが本質といえる。なお驃騎、票の会意は、軽く火の粉が舞い上がる、馬＋票で軽く舞い上がる風と同系とある。10CD に記すカザフ族の手綱捌きは、シャマニズムの神懸かり的飛翔・驃騎の技具象の図像といえよう。

加えて、安定した乗馬の業を導く 59 の鐙、また馬のヒズメの保護に打つ蹄鉄の技、それ以前に母なる大地の鉄・鉱物材を知る錬金術の開発は、諸生活機器、武器加工へとつながる多様な機能的・科学的技・業であり、騎馬遊牧生活の中に生れる、初の人智による「天地二神間の抗争」・大きな政治力の様である。なお古来自然の大河の基になる四大文明につぎ第五の文明の所以といえようか。

明治期、岡倉天心は（本名角蔵、最前列左の扇子を持つ）、東京美術学校を設立、イの如き黒袍を校服と定めた。彼は伝統仏像の廃物希釈を憂い、御雇外国人フェノロサの援助も得て、黒袍姿でパリー万国博覧会等に赴き日本美術紹介に努めている。なお岡倉の父は福井藩下級藩士、藩命での横浜「石川屋」貿易商となる。岡倉はそこで生まれ、漢籍、英語も学び、（現東京芸術大学）の一前進設立に貢献。その講義「日本美術史」は日本の美術史学の嚆矢とされる。後

［108A ロ］明治時代の東京美術学校（卒業記念写真）

年、袍の校服で中国を研鑽、チベット、茶葉古道等にも向かい、中国飲茶文化を少数民族の村角髄所の茶屋駅（鉄の茶釜柄杓で汲みふるまう）に見る。ちなみに①同様式の茶屋駅は京都山崎駅西にもある、また、②戦の神八幡の八幡さんと共に、③エジソン発明電球のヒューズが当山崎の竹の細い繊維とすぐ隣町への渡来文化・歴史を思う。また、明治22年憲法発布の祝賀祭の官立美術学校生の姿は、金襴の校旗を推立、黒袍制服群の行列で、見物人から支那人か朝鮮人か確かに異国人に違いないと評されたとある。「朝野新聞」明治23.3.27］

結　び

わが国の服飾文化は、明治維新を機に急変した。105 に記したように維新後百有余年を経た今日、古来袖も豊な和服・寛衣から、かつての維新政府高官の「これからの外交のために洋服（窄衣）を着る」との言葉どおり、白Yシャツにダークスーツの背広姿が、男性社交着となり、今日までに広くビジネスウエアとして定着してきた。

その本質を思う時、渡り鳥は河川に沿って飛び、寒暖適した安住の場を知って巣造りし、水浴び羽繕いで美しい羽毛（衣）を保ち、他者を魅了し子作りに勤しむ。人もまた白頭鷲を模す白フラットカラー、また特にテーラードスーツの袖（緩やかに腕に沿う 2 枚袖）が、他者の登り難い高所の餌も掴める鹿の脚や、鷹鷲等が餌を掴み捕る最強の勇者の姿と重なる窄衣のタイトな袖のオリジンの状態と通じて、本質的といえる。

また鞭打ち疾走する天馬をシャマニズム的鷲の姿と捕え、その馬力・疾走力・馬のエネルギー源である草を最優先に求めて移動し、安住の空間と定める騎馬遊牧生活の中に、胡服（立ち衿、スリット）の発生をみる。

その西進が、馬力に肖る中世ヨーロッパ貴族の君主的国家、祭政の中に、黒い尾を引くフラッグコート・燕尾服の発生を観ている。

これら窄衣（胡服・燕尾服等）姿の馬上の騎士は、餌を掴み捕る勇者白頭鷲とも同観念に、生活必需の水路、稔り多き善き土壌獲得の欲望を膨らませ、時に他者との闘争に挑む。 すなわち騎乗の黒衣は男性天空神である鳥の表象具現の図像となる。しかしフランス革命後貴族の崩壊は一般的に背広とし、社交着・ビジネスウエアと制服化しつつあるようで、中国の国交も開かれた約 30 年前、眼前の中国役人は、金ボタンに詰襟姿であったが、21 世紀の今日、国際会議等では背広姿を見る。

これに比して寛衣とは、南下した遊牧民も、多人数の糧も確保される水田耕作・稲作文化の基で定住生活を知り、余裕の時も得、染め、織りの技巧、袖も豊かな衣装も生まれ、融和的、擁護的、時に快楽的に集う（日蔭、安らぐ宇宙木の下の花見等、実に地母神の下）村人挙って天地二神間慰安の空間で、神への感謝、祭りが行なわれる。

それら祭事・祭りの仕度は、父なる天空神・雨雪日照に育まれ母なる大地になる材で、衣食、神輿を村人挙ってしつらえるが、やがて神輿も水に流し、「神綾生す恵みのお陰で村人恙なく過ごす姿」を神に御報告願う。すなわち村人協力の労・業こそが、「天地二神間の抗争・技・業で、②の深い意味がここにあり①神事にまつわる行事、収穫感謝の具象形・祭りの美術・本質といえよう。

しかしその美の解字・象形は羊で、美術の術は「昔からそれにくっついて離れないやり方・伝統的な方法」。図 72. 73 に記すごとく、羊の毛は衣、肉は糧になり「神の子羊」と神格化され、花嫁衣裳にアレンジさている。洋服・窄衣等も猛禽類鷲鷹等と共存、また伝統的馬技・馬術を最優先するうえで必需で、なお１日に四季を見る広大な原野を背景とする遊牧生活様式こそが、美術の本質といえようか。

そして近代生活にも馬力の動力が自動車に進展、なお、近年圧倒的な黒衣に白のファッションも、勇者白頭鷲が本質の美術かとも、また竹藪上に朝夕群れ鳴き飛ぶ烏、「カラス何故鳴くの……」と可愛い童謡を見る反面、烏と葛藤のゴミ処理も、古来の伝統「天地二神間の抗争」でろうかと、エリアーデの宗教論に想いをはせる。

しかしシャマニズムの呪衣、垂領、スリット等、衣装の原点的究明は課題も残り、本書を基本的総論とし今後尚、袖、衿、背子（袖無し上着)、花嫁装束（角隠し）等々衣装の各論を、絵本的小冊子、あるいは絵葉書様式に要約、纏めたいものと試作中でもある。

2015 年新緑　　桃山城下にて

著　者

謝　辞

本書は当初、第３章までの洋服中心の出版を急いだが、章を重ねて総合的にと御忠告下さいました編集部長　堀川隆様に、また美麗な装丁まで御配慮下さいました編集課長　太田基樹様に、複雑な文を懇切にリライト下さいました　鈴木志佐子様に、深く感謝致します。

またヒマラヤ山麓、アフリカ等々秘境の得難い資料を大量に調達し、なお思いもよらなかったインドの北東端アルナチャールプラディシュー踏査をリード下さいました医学博士　原久弥先生に深謝いたします。同様にペルシャの衣裳、書物を調達下さいました高橋鈴江様、そして法衣をわざわざ着装し写真を提供下さいましたカソリック浜松教会の山野内公司司祭様、またこれを手配下さった清水長子様（姪）に、明治時代の東京美術学校卒業記念写真を調達下さいました橋本比奈子様（従姉妹）にもお礼申し上げます。多々掛け替えのない資料を頂戴致しましたお陰様で、本書を上梓出来ます。あつく御礼申しあげます。

著　者

図版クレジット

*本文に掲載した図版のクレジットを一括して掲げた。その際、著者所蔵の資料や著者による描画などは一部割愛したものもある。また、海外の古い観光パンフレットに載った図版など、出来る限り調査したが権利関係が不明のものもある。お分かりになる方は、編集部までお知らせ下さい。

【序　章】

図 1A　コペンハーゲン国立博物館展示　DENMARK　著者描画

図 1B　ポストカード（Helsinki Printed in FINLAND）

図 1C　日本経済新聞 1994 年 8 月 11 日所載（有馬澄子氏提供）

図 2　ブダペスト民俗博物館展示　HUNGARY　著者描画

図 3，4　ポストカード（バイキング博物館、FRANCE・Honfleur）

図 5　バルト海入口の港湾都市のパンフレット

図 6　Traditional Palestinian Embroidery and Jewelry HOLY LAND ARAB 著者描画

【第 1 章】

図 7　ポストカード（CARIBE　LINE　SNTODOMINGO-R.D）

図 8　ポストカード（Helsinki Printed in FINLAND）

図 9　ポストカード（国立慶州博物館蔵、韓国）

図 10　JAN　HJARHO　Mennesker pa en boplads　NATIONALMUSEET Nordgronland

図 11　©Michiel Vaartjes/NiS/Minden Pictures/amanaimages

図 12　©www.bridgemanimages.com/amanaimages

図 17　レニングラード民族博物館展示

図 18，19　国立民族学博物館展示

図 20，21，30A，38　DIE MONGOLE 所載　Pilguin

図 22　ブダペスト民族学博物館展示

図 24A　©Larry West/amanaimages

図 25A　©Shikoku Photo Service/amanaimages

図 25B　©The Granger Collection/amanaimages

図 27　©Scala/amanaimages

図 28A　©DeAgostini/amanaimages

図 29　© Scala, Florece/amanaimages

図 30B　著者撮影　2005 年 9 月 9 日

図 31　©The Granger Collection/amanaimages

図 36　韓国観光公社案内書所載図 37

図 37　©kumagai masaru/Nature Production/amanaimages

図 39，40　ポストカード（イラン）

図 41　著者所蔵

図 42　著者撮影　1978 年 8 月

図 43　©Sipa Press/amanaimages

【第２章】

図 44　©sandpiper/PIXTA

図 45　©KOICHIRO KITAOKU/SEBUN PHOTO/amanaimages

〔頭　装〕

図 49A　©TAKEHIKO HASHIMOTO/SEBUN PHOTO/amanaimages

図 49B，50A，61B　ポストカード（トルコ）

図 50B，51AD，52B，55C，58A，61C，74A ①②　DIE　MONGOLEN　Band1,2 Pinguin

図 51B　大塚和義編『北太平洋の先住民交易と工芸』思文閣出版

図 51D，59ABC，60AB　著者所蔵

図 54A　『哈薩克民族文化』新疆美木撮影出版社

図 55B　レニングラード民族博物館展示　著者撮影 1986 年 8 月

図 55D　天理参考館展示品　著者撮影 1986 年

図 56A　ANGELIK HATZIMICHALI the greek folk costume BENAKI MUSEUM

図 56B，57AB　Palestinian　Costume　Shelagh　Weir

図 58C　William W.Fitzhugh and Aron Crowell Crossroads of Continents
CULTURES OF SIBERIA AND ALASKA. Smithsonian Institution Press Washington.D.C. London

図 59A　ポストカード（ブルガリア）

図 59B　タシケントにて著者撮影　1985 年 8 月　帽子は著者所蔵

図 59C イロ　ウズベキタンにて著者撮影　帽子は著者所蔵

図 59D　フンザにて著者撮影 1978 年 8 月　帽子は著者所蔵

図 60A　©ZUMAPRESS.com/amanaimages

図 60B　北海道・蝦夷風俗美術館標識　著者撮影 1986 年 8 月

図 62AB，69D　AAGOT NOSS Lad og krone fra jente tul brur, UNIVERSITETSFORLAGET

図 63ABC　OUR　LOVBLY　CROATIA　“AWTINTERNATIONAL”d.o.o.Zagreb

図 64A　Tamás Fofer—Edit　Fél　UNGARISCHE　VOLKSKUNST　CORVINA

図 64B　Jirina Langhammeroya ČESKE LIDOVE KROJE VYDAVATELSTVI A NAKLADATELSTVI PRACE.s.r.o.

図 64C，67C　足立和子『ポーランドの民族衣装』源流社

図 64D　© kyodonews/amanaimages

図 66A　© UIG/amanaimages

図 66B　©www.scalarchives.com/amanaimages

図 67B　©Caro / Kaiser / Topfoto/amanaimages

図 69AB　Sjnny Yang HUNBOK The Art of Korean Clothing HOLLYM Elizabeth, NJ・SEOUL

図 69C　©www.bridgemanimages.com/amanaimages

図 69D　©www.bridgemanimages.com/amanaimages

図 70AB　中国にて著者撮影 1984 年

図 70C　アルナチャールプラデーシュ州ジロ村にて　原久弥撮影 2005 年 3 月

図 71A　©www.bridgemanimages.com/amanaimages

図 71B　Sanny Yang HANBOK HOLLYM 所載

図 72AB　楼望皓著『新疆婚俗』新疆人民出版社

図 72C　東欧のポストカード

図 72D　THE WORLD OF THE BURGARIAN WOMAN Bulgarian Academy of Seiences NATIONAL
ETHNOGRAPHIC MUSEUM

図 73A　©www.scalarchives.com/amanaimages

図 73B　©Minden Pictures/Nature Production/amanaimages

図 73C　©Eric Dragesco/Nature Production/amanaimages
図 73F　©ZUMAPRESS.com/amanaimages
図 74B　ポストカード（チベット）
図 74CDE　著者撮影
図 75ABC　ポストカード（ブルガリア）
図 76　著者撮影
図 79A　©www.bridgemanimages.com/amanaimages
図 82B　©2006 TopFoto / Longhurst/amanaimages
図 87AB　Debionne/Meissner TRACHTEN Die schnsten deutschen　Sűddeutsher Verlag

〔衣　装〕
C 図 8A　©www.scalarchives.com/amanaimages
図 9D　©imageBROKER/Christian Prandl/amanaimages
図 10A　©www.scalarchives.com/amanaimages
図 13B　©www.bridgemanimages.com/amanaimages
図 15B　©World Illustrated/Photoshot/amanaimages
図 16D　©www.bridgemanimages.com/amanaimages
D 図 17A　©www.bridgemanimages.com/amanaimages
図 17B　©www.bridgemanimages.com/amanaimages
図 19A イ　©www.bridgemanimages.com/amanaimages
図 19A ロ　©www.bridgemanimages.com/amanaimages
図 19B　©World Illustrated/Photoshot/amanaimages
図 19C　©www.bridgemanimages.com/amanaimages
図 21A　©V&A/amanaimages
図 21B　©www.bridgemanimages.com/amanaimages
図 21D　© 共同通信社 / アマナイメージズ
図 22A　©www.bridgemanimages.com/amanaimages
図 22C　©Photoshot/amanaimages
E 図 23A　©www.bridgemanimages.com/amanaimages
図 23B　©www.bridgemanimages.com/amanaimages
図 24D　原久弥氏撮影
図 25B　©World Pictures/Photoshot./amanaimages
図 26B イ　©KPG/amanaimages
図 26B ハ　©KPG/amanaimages
図 29B　©Mary Evans / Grenville Collins P/amanaimages
図 30C イ　©imageBROKER/Konrad Wothe/amanaimages
図 31A　©Robert Harding Images / Masterfi/amanaimages
図 32E　©www.bridgemanimages.com/amanaimages
図 33A　©www bridgemanimages.com/amanaimages
図 35B イ　著者撮影
図 35B ロ　著者撮影
図 36A　©Photoshot/amanaimages
図 38A ロ　鳥越憲三郎氏提供
F 図 40A　©Karl-Heinz Raach/laif/amanaimages
図 41B　原久弥氏撮影
図 42B　©www.bridgemanart.com/amanaimages

図 42D　©www.bridgemanimages.com/amanaimages
図 43A ロ　©www.bridgemanimages.com/amanaimages
図 43A ハ　©Sipa USA/amanaimages
図 43B　©CM Dixon / HIP / TopFoto/amanaimages
図 44A　©www.bridgemanimages.com/amanaimages
図 44B　©Masterfile (Royalty-Free Div.)/amanaimages
図 44C　©Robert Harding Images / Masterfi/amanaimages
図 46D　©Masterfile (Royalty-Free Div.)/amanaimages
図 47B　©FUJIO WADA/SEBUN PHOTO/amanaimages

【第 3 章】
図 59C　©Nejron Photo/PIXTA
G 図 62A　©www.bridgemanimages.com/amanaimages
図 63C　©IMAGE LAND. CO. LTD./amanaimages
図 64A　©HIDEAKI TANAKA/SEBUN PHOTO/amanaimages
図 64B　©Allan Baxter/Masterfile/amanaimages
H 図 69D　©www.bridgemanimages.com/amanaimages
図 72A　©www.bridgemanimages.com/amanaimages
図 72 ロ　©ZUMA Press/amanaimages
図 73B ロ　©ZUMAPRESS.com/amanaimages
図 74A　©The Granger Collection/amanaimages
I 図 75A イ　©Alpha Press/amanaimages
図 76A　©DeAgostini/amanaimages
図 78B ロ　著者撮影
図 78B ニ　著者撮影
J 図 80B イ　©www.bridgemanimages.com/amanaimages
図 80C ニ　©Robert Harding Images / Masterfi/amanaimages
K 図 84A ロ　©ZUMAPRESS.com/amanaimages
図 84C　©SHOKYU OTSUKA/SEBUN PHOTO/amanaimages
図 85A イ　©Print Collector / HIP /TopFoto/amanaimages
図 86A ロ　著者撮影

【第 4 章】
図 87A　©Wisky/PIXTA
図 87B　©MACHIRO TANAKA/SEBUN PHOTO/amanaimages
L 図 88A　©YUTAKA TSUCHIYA/SEBUN PHOTO/amanaimages
図 92A　©Alex Goh Chun Seong/500px/amanaimages
図 92B ニ　©TAKASHI NISHIKAWA/a.collectionRF/amanaimages
M 図 95C イ　©Masterfile (Royalty-Free Div.)/amanaimages
図 95C ロ　著者撮影
図 96B イ　©KPG/amanaimages
図 97A ロ　©www.bridgemanart.com/amanaimages
図 97A ハ　©www.bridgemanimages.com/amanaimages
N 図 98A　著者撮影
図 98B イ　著者撮影

図 98B ロ　©NPL/amanaimages

図 98C イ　©KAZUYOSHI NOMACHI/SEBUN PHOTO/amanaimages

図 99A ロ　©www.bridgemanimages.com/amanaimages

O 図 102A イ　©Polaris/amanaimages

図 102C　©Asahi Shimbun/amanaimages

図 105A ニ　©Asahi Shimbun/amanaimages

図 106B イ　©FUMIAKI TAGUCHI/SEBUN PHOTO/amanaimages

図 106B ロ　©R. CREATION/SEBUN PHOTO/amanaimages

図 107A イ　©ZUMAPRESS.com/amanaimages

〔著者略歴〕　今木加代子（いまき　かよこ）

1955年　上田安子服飾学院研究科卒業。
同学院勤務を経て、1961年　帝塚山短期大学専任講師、のちに帝塚山大学短期大学部教授。
この間、滋賀女子短期大学非常勤講師（ファッション・デザイニング）を兼任。
2005年　同大学を定年退職。
現在、帝塚山大学名誉教授。
〔著書〕
『衣装のルーツを求めて―デザインのヘソ　シャマニズム』（私家版）1999年、『Fashion Coordinating & Designing―服飾造形及びコーディネイト原理』（私家版）2002年、ほか。
1987年に「京都クラフトセンター賞」受賞。

衣装の語る民族文化

2017年３月30日　初版印刷
2017年４月10日　初版発行

ISBN978-4-490-20946-4 C3039

著　者　　今木加代子
発行者　　大橋　信夫

本文DTP　　株式会社　あおく企画
印刷・製本　図書印刷株式会社
発行所　　株式会社東京堂出版
http://www.tokyodoshuppan.com/

〒101-0051 東京都千代田区神田神保町1-17
電話03-3233-3741 振替00130-7-270